IT 大趋势

2017—2021 年全球信息技术导航图

日本野村综合研究所数字事业开发部　著

北京市科技信息中心　译

電子工業出版社·

Publishing House of Electronics Industry

北京·BEIJING

IT ROADMAP 2017

by Digital Business Development Department of Nomura Research Institute, Ltd.
Copyright © 2017 Nomura Research Institute, Ltd.
All rights reserved.
Original Japanese edition published by TOYO KEIZAI INC.

Chinese simplified character translation copyright © 2019 by Publishing House of
Electronics Industry.
This Chinese simplified character edition published by arrangement with TOYO
KEIZAI INC., Tokyo, through Shinwon Agency Co., in Beijing.

版权贸易合同登记号　图字：01-2018-8688

图书在版编目（CIP）数据

IT 大趋势：2017—2021 年全球信息技术导航图 / 日本野村综合研究所数字事业开发部
著；北京市科技信息中心译. —北京：电子工业出版社，2019.9
ISBN 978-7-121-36968-1

Ⅰ. ①I… Ⅱ. ①日… ②北… Ⅲ. ①信息技术－发展－研究－世界②通信技术－发展
－研究－世界 Ⅳ. ①G202-11②TN91-11

中国版本图书馆 CIP 数据核字（2019）第 126251 号

责任编辑：徐蔷薇　　文字编辑：王　群
印　　刷：涿州市京南印刷厂
装　　订：涿州市京南印刷厂
出版发行：电子工业出版社
　　　　　北京市海淀区万寿路 173 信箱　　邮编：100036
开　　本：720×1 000　1/16　印张：16.5　字数：244 千字
版　　次：2019 年 9 月第 1 版
印　　次：2019 年 9 月第 1 次印刷
定　　价：79.00 元

凡所购买电子工业出版社图书有缺损问题，请向购买书店调换。若书店售缺，请与
本社发行部联系，联系及邮购电话：(010) 88254888，88258888。
质量投诉请发邮件至 zlts@phei.com.cn，盗版侵权举报请发邮件至 dbqq@phei.com.cn。
本书咨询联系方式：xuqw@phei.com.cn。

前言

　　野村综合研究所（NRI）一直坚持持续追踪、调查最新 IT 发展趋势并将其结果以出版物或讲座的形式向社会公布。该书将前述调研结果以图书形式进行整理、汇编而成，这已是连续第 12 年出版《IT 导航图》。

　　自 2016 年起，在 IT 领域，人工智能（AI）、机器人、物联网（IoT）、金融科技（FinTech）等技术备受关注。尤其是在 AI 领域，由 Google 研发的 AlphaGo 人工智能围棋系统在 2016 年 3 月击败了围棋世界冠军，由此引发了各界的种种联想，关注度一直很高。

　　但从另一个角度来看，2016 年也是缺乏吸引眼球的新兴 IT 关键词的"平凡之年"。其中比较新颖的就属市场应用程度已接近"VR 元年"的虚拟现实（Virtual Reality，VR）技术。"VR"一词本身并不新鲜，但随着可近距离体验高分辨率虚拟现实的"PlayStation VR"（PSVR）等新兴产品的出现，现有市场正面临被重新定义的局面。另外，容易和 VR 混淆，可利用高精度图像识别技术识别现实世界中的物体大小，并带来更多辅助信息的增强现实（Augmented Reality，AR）技术也受到广泛关注。AR 技术除了可以应用于工厂、医疗现场等离不开人工作业的场所，还有望在电商领域产生全新的应用价值。

　　伴随这些数字化技术的不断发展，网络攻击风险也逐年增加，包括 2016 年某大型旅行社的客户信息被泄漏等事件，因病毒感染引起的网络安全事故不断发生。另外，通过锁定 PC、智能手机等客户终端设备或采用数字加密等方式导致设备无法正常使用，当事人被索要报酬的勒索软件受害事件急剧增加。随着物联网的日益普及，今后对类似网络攻击的防范的重要性将进一步提高。

本书以将 IT 技术积极应用于日常业务活动的企业经营者、企业战略部门相关人员及从事 IT 开发或实际运用的业内人士为主要对象，以为其提供未来 IT 应用领域的导航图为目的，主要由以下几个部分构成。

第 1 章　"IT 导航图"的定义

主要介绍了 IT 导航图的基本概况，同时对之前的版本进行简单概述。另外，作为"2030 年 IT 展望"，对面向 2030 年的技术发展动向及对企业的影响进行解说。虽然之前版本也记录了同样的内容，但本书结合 2016 年的最新趋势对其进行了补充和更新。

第 2 章　五年后的重点技术

主要介绍了在未来五年有可能被广泛应用于商业和社会领域并对其产生各种影响的 IT 技术，包括"人工智能""聊天机器人""VR/AR""API 经济"等。另外，以专栏形式列举"机器学习平台"和"IoT"技术课题。

第 3 章　基于 IT 的综合利用开发新服务

不仅从技术角度，而且从与特定行业的关联性角度列举主题。具体来说，对与金融密切相关的"FinTech"（金融科技）和"数字货币管理"，与物流密切相关的"数字物流"，与广告营销紧密相关的"程序化营销"等相关技术的发展动向进行解说。

另外，与 FinTech 密切相关的"保险科技"，由于其发展趋势与以银行证券业为主要对象的 FinTech 呈现显著差别，故以专栏形式另行列举说明。

第 4 章　日益重要的安全技术

在重要性逐年提高的安全技术领域，除了前述的恶意软件防范，另外列举了 DevSecOps。DevSecOps 是一种通过加强开发和运用的结合来缩短开发周期，并利用可有效提高作业效率的"DevOps"开发模式来确保安全性的全新的系统开发和运用模式。

野村综合研究所

数字事业开发部

Contents

目 录

"IT 导航图" 的定义

1.1 什么是"IT 导航图"

信息技术的发展日新月异,除了智能终端设备的不断升级和云计算的日益普及,还涌现出一批基于其技术应用的新兴 IT 服务产业,IT 对企业经营活动的影响已远超过去。

虽然涌现出众多新兴技术,但从可靠性和投资效益等角度来看,其中也有不少技术并不一定适合企业的实际应用。因此,企业在进行 IT 投资时,不仅要持续追踪、调查 IT 技术的发展趋势,更要具备及早识别有望成为未来主流的技术的"洞察力"。

野村综合研究所(NRI)将针对 IT 产业发展趋势的一系列预测活动统称为"IT 导航",并连续编制"IT 导航图",自 2005 年起,每年汇编成册并进行出版。

IT 导航图的主要目的是预测特定 IT 领域从现在到未来五年间的技术发展动向,并以时间轴的形式掌握技术发展动态。

在制作 IT 导航图时,首先对国内外的最新研发动向、标准化机构的最新动向、各领域主要供应商的产品开发情况、新兴企业的产品开发情况、早期采纳企业的应用情况等进行广泛调查。之后以这些调查结果为基础,结合 IT 分析员的专业知识进行判断并汇总成报告书。报告书除了采用如图 1-1-1 的年表形式进行预测,还记载了领先客户的应用案例,以及掌握最新技术的玩家的评价和分析结果等。

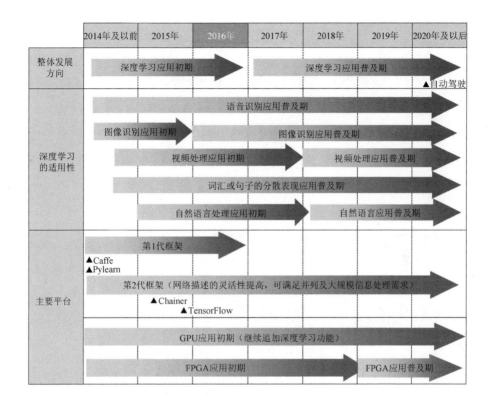

信息来源：野村综合研究所。

图 1-1-1 人工智能领域导航图

如今，可供我们利用的 IT 技术可谓琳琅满目，要想掌握所有技术几乎不太可能。因此，除了技术本身，还应结合技术应用领域的环境分析，逐步锁定需要掌握的重点技术。另外，除了 IT 行业相关企业，一般企业在制订中长期业务发展规划时，要充分考虑未来可能出现的新技术及其会给所属行业带来的影响等。

"IT 导航图"的真正意义在于帮助相关人员及时掌握日显重要并日益多样化的 IT 产业发展动向，为制订具有预见性的信息系统战略规划和 IT 业务战略提供辅助决策。

1.2 《IT 导航图 2016 年版》[1]概要

本节首先对 2016 年 IT 领域的发展动向进行梳理，以便读者能够更好地理解第 2 章及之后的相关内容。此外，本节还简单概括了《IT 导航图 2016 年版》中介绍的技术动向。

1. 2016 年 IT 行业动向的主要概况

继 2015 年之后，2016 年也是对 AI（人工智能）、FinTech 等行业关注度持续提高的一年。另外，以往认为和企业实际应用尚有一步之遥的 VR（虚拟现实）、AR（增强现实）等技术也开始受到关注。

特别是 AI 技术，自 2017 年以来在 FinTech、数字营销、物联网等服务领域的应用进一步加深，有望为产业创新做出重要贡献。

■ 不断进化的人工智能技术

2016 年 3 月 9 日，人工智能领域发生了一件历史性事件。由 Google 开发的 AlphaGo 人工智能围棋系统击败了世界顶尖围棋高手——韩国的李世石。

和象棋相比，围棋的步数明显更多，所以人们一直认为人工智能若想达到专业棋手的水平还需要一段时间。但最终结果是，人工智能水平的提升速度远远超出了人们的预期，并成功创造了这一历史性事件。

---

1 《IT 大趋势 2012—2016 年全球信息技术导航图》的简称。

在人工智能技术的应用领域，以 Google、Facebook 为代表的美国 IT 企业处于世界领先水平，与之相比，日本国内也出现了进一步加快人工智能技术应用步伐的动向。特别是丰田公司特聘了原美国国防部高等研究计划局的机器人研究项目负责人吉尔·普拉特（Gill Pratt），并于 2016 年 1 月成立了专门从事人工智能研发的 Toyota Research Institute 公司，其举动引发了业界的关注。未来，先进的人工智能技术将应用于包括汽车产业在内的制造行业、无人驾驶车、机器人等产品及工厂的故障征兆预测等场合。普通 IT 企业很难进入这些领域，这将给日本特有的人工智能应用提供广阔的潜在市场。

但同时也要注意，根据现在的人工智能技术水平，通过机器学习平台开发模型及机器学习所需的数据准备工作往往需要巨大的成本。因此，在引进人工智能技术时，除了要充分考虑在技术层面上可否由人力支援或替代，还有必要对投资效果进行特定评估。

■ FinTech 的发展

在自 2015 年下半年起在日本国内迅速崛起的 FinTech 领域，2016 年 5 月 25 日新推出"改正银行法"、Apple Pay 正式登陆日本市场等新兴话题不断，在整个 2016 年，其发展势头依旧不减。特别是在 2016 年 10 月 25 日，Apple Pay 对外正式营业的第一天，由于登录东日本旅客铁路公司（简称"东日本"）Suica 卡系统的人太多，导致一段时间 Suica 卡的 Apple Pay 登录系统处于瘫痪状态，引起了社会高度关注。

同时，不仅欧美金融机构，日本国内金融机构也相继开展基于区块链技术的贸易金融、国际汇款等实证研究。其中，横滨银行和住信 SBI 网络银行作为初始成员并于 2016 年 10 月成立的"利用区块链技术等进行国内外外汇业务一元化推进联盟"，提出利用 Ripple 公司的基于区块链技术的国际汇款服务"Ripple Connect"，在 2017 年 3 月前正式启动国内外外汇业务一元化的支付平台，受到社会各界关注。

与此同时，为了积极推进 FinTech 服务，各大银行、地方银行、证券公司、保险公司等金融机构除了相继设立了专属部门，还往美国硅谷派遣人员，以挖掘当地知名新兴企业或建立人脉关系。

但以银行为主的各金融机构所处的大环境并不乐观，主要是因为受负利率政策的影响，赚取利息间差价变得越来越困难。若现行负利率政策持续不变，资金收益前景不被看好的话，银行内部对削减经费的压力将会加大，有可能导致无多余资金来对 FinTech 进行长期投资。但对涉及 FinTech 领域的金融机构来说，2017 年将会是一个被要求取得具体成果的一年。

■ 快速发展的 VR 和 AR 市场

2016 年是 VR 领域备受关注的一年，几乎堪称"VR 元年"。曾因 2014 年突然被 Facebook 收购而成为业界热门话题的 Oculus 公司，在 2016 年 3 月终于发布了新产品，同年 10 月，索尼娱乐公司开始面向普通游戏爱好者销售"PlayStation VR"。借此，过去由于需要配备昂贵的专用器材而只有少数研究机构、医疗或军事部门才能使用的 VR 产品，开始可供普通消费者体验，并走进普通消费者的日常生活。

在经常被拿来与 VR 比较的 AR 方面，受"口袋妖怪 Go"大热的影响，Microsoft 公司推出的世界首台自我完善型全息计算机"Microsoft HoloLens"，一经上市就备受瞩目。

在这之前也有类似 AR 的产品和应用软件。但以"Microsoft HoloLens"为代表的 AR 产品的最大特点在于，随着感知器和图像识别技术的不断发展，其能够高精准地识别现实世界。

目前，VR 和 AR 大多被应用于游戏或娱乐领域，但在 2017 年以后，VR 和 AR 在房地产业、制造业等商务领域的应用大量增加。

下一部分将对《IT 导航图 2016 年版》中介绍的部分技术的最新发展趋势进行简单介绍。

2. 2020 年的主要信息通信技术

■ 人工智能（AI）

人工智能（AI）即将迎来第三次热潮。引领这次热潮的是以深度学习（Deep Learning）为代表的先进机器学习方法的实际应用及支撑该技术的图像、文本等大数据（非结构化数据）规模的扩大。机器学习是指没有明确的既定程序，通过计算机自身的经验（数据）自主获取知识和规则的技术和方法。采用机器学习的系统并不把规则作为一个程序，而是通过构建模型和对模型的学习来实现其目标功能。因此，AI 有望在一些不易整合规则的应用案例中发挥其作用。

机器学习包括很多方法，其中近几年最受关注的是深度学习（Deep Learning）。深度学习主要模仿人脑的神经系统构造，由多层神经网络构成。与传统的机器学习相比，其最大的特点就是可以自动提取前边层的低水平特征和后边层的高水平高抽象化特征。深度学习具有自动提取特征的功能，无须人工干预也能自主学习。

作为深度学习的应用领域，图像识别目前十分受关注，其在工业产品检测、自动驾驶开发等以制造业为中心的产业应用中具有良好的应用前景。

20 世纪 50 年代，人工智能刚诞生之际，其最终目标是要实现能够像人类一样思考和学习的"通用人工智能"，而经历两次失败之后，以解决特定课题为目标的"狭义人工智能"逐渐成为研究的主流。随着近几年深度学习的不断发展，人类实现了从数据中学习特征的"表示学习"，对"通用人工智能"的研究也再次活跃起来。

基于传统机器学习的杰出系统有 IBM 公司的 Watson。Watson 是通过解释自然语言，以自身积累的信息为基础生成假设的系统。IBM 称之为"认知计算系统"。Watson 系统以自然语言处理为依据，利用与人之间的对话或系统所积累的专业知识和业务经验辅助人类的决策活动。其代表性功能：针对所提出的问题，结合相关依据提供可信度高的答案的"参与"（Engagement）功能；针对不一定存在正确答案的问题，列出假设的答案清单并对其依据进行深度调查和验证的"发现"（Discovery）功能；检查目标对象（支付申请等）是否符合相关规定或政策条件的"政策"（Policy）功能等。

如上所述，通过利用 AI 技术，基于深度知识，对目标对象进行预测和分析，可以助力人类决策过程，实现之前计算机无法实现的对自然语言或图像数据的大量、高速处理。

当把 AI 作为企业信息系统的组成部分加以运用时，要注意它与传统开发之间存在很多不同之处。同时，深度学习应用系统的最大的特点是无须人工设定特征变量，但从结果中无法确定具体采用了什么样的特征变量，导致内部状态被黑盒化。为此，当系统在功能或性能方面出现问题时，很难采取准确的应对措施。为了尽可能规避这些问题，技术供应方应和使用方积极合作开展实证试验等，以不断积累技术应用的经验。

■ 物联网——物物之间实时连接所带来的商业模式的创新

2015 年，物联网作为工业互联网、工业 4.0 等行业的"创新"，呈现出随发展潮流同步共进的繁盛景象。

一个企业若想战略性地运用物联网技术，需要以所有物品通过互联网保持实时相连为基本前提，并超前一步考虑到具体能实现哪些功能，最关键的是要考虑通过物联网技术能够实现的操作变化和因此而变得可行的商业模式。

例如，在操作变化方面，对物品进行远程监控、操控和优化，当超出事先设定的限值时物品将发出通知，以及安装在物品上的软件及时更新等成为可能。另外，只需要支付使用部分费用的"Pay as you use"、根据物品状态动态调整费用的"动态定价"，以及根据购买后的性能改善情况设定价格等商业模式成为可能。

这些操作变化及商业模式的变化，给制造商及利用制造商生产的产品开展业务的服务供应商带来较大影响。未来的制造业不再是"产品一经售出就万事大吉，后续根据需要提供维护服务"，而是"销售产品之后才会有更大的商机，通过持续的数据分析，达到预防维修的效果，并收取使（计划外）故障时间变为零的相应报酬"等，制造业逐渐向"物品+服务"的商业模式转换。

同时，在物联网系统组成方面，需要关注的是在物联网设备和云之间配置的一种称为边缘服务器的服务器群、由此减轻网络或平台运行负荷的"边缘计算"，以及可在低功耗状态下覆盖广域的"LPWAN"（低功耗广域网络）。LPWAN 不仅适用于街道的安全监控、水电气等能源计量，还适用于停车场、自动售货机、路灯等长时间无人操作的应用场景。

未来，预计物联网领域在面临如何保障终端设备的安全性、不同设备或平台之间的相互运用性等问题的同时，与其他公司的相互合作及物联网数据交易会日益频繁。已成功开发可穿戴式运动量测量设备的美国 Fitbit 公司，对外公开了第三方访问其内部数据系统的 API 接口。另外，美国风投公司 EverySense 于 2015 年 12 月开通了"物联网数据交换交易所"。

■ 可穿戴式计算

2015—2016 年，可穿戴的计算机——可穿戴终端设备取得了令人瞩目的发展。于 2015 年 4 月上市的 Apple Watch（智能手表）促使"可穿戴"这一概念被普通消费者熟知。

用于可穿戴终端设备的技术也在不断进步。心率计、皮肤电测试仪、脑波检测仪等各种感知器被安装在可穿戴终端设备中，从而能够获取穿戴者更多、更详细的个人信息。另外，可穿戴终端设备的外形也不再局限于传统的手表或眼镜的形状，不同形状的终端设备不断涌现。特别是在 2015 年公布了多个被称为"智能布料"的服饰类设备，预示着直接接触人体的设备也有望研发成功。

随着这些技术的不断进步，还出现了一些将这些可穿戴产品应用于商业领域的成功案例。例如，建筑企业等为夏季在室外建设现场工作的作业人员配备智能服装，以便随时监测其身体状态，有效预防人员中暑。另外，欧美保险公司向保险签约客户免费发放健身用计步器（活动追踪器），作为提供个人计步数据或心跳等相关数据的报酬，给予客户保险费折扣或奖励等。无论哪一种服务，都是以使可穿戴产品密切接触使用者并实时获取使用者个人信息为特征的。

虽然可穿戴产品已日益普及化，但其行业仍处于发展阶段。未来的技术发展是在实现可穿戴产品小型化的同时，克服由此带来的各种制约。一方面是可穿戴产品与其他物联网设备之间的连接，另一方面是云平台和可穿戴产品之间的连接。

小型化已经成为可穿戴产品的必然趋势，其产品主体所能实现的功能是有限的。最近比较普遍的一种方式是将物联网设备和可穿戴产品相连，由此实现对室内家电产品的控制。例如，通过智能手表可对连接至互联网的室内照明或空调进行开关、调节温度等操作。可穿戴产品本身也可视为一个独立的物联网设备，通过和其他物联网设备相连接，可实现更多功能。

今后，可穿戴产品将与云平台相连接，利用获取的客户行为数据来洞察客户意图，而对需要向客户反馈的信息的相关分析均由云平台的人工智能来完成。借此可实现小型设备向可根据情况随机应变的设备的转变。

未来，可穿戴产品将逐步向可根据客户情况提供建议或控制其他设备等能提供贴身服务的终端的方向发展。

要实现这些高端功能，需要利用客户的个人信息，因此，如何确保个人隐私的安全性（个人信息使用许可、数据安全管理），如何确保可穿戴产品所获取的数据的精准度、正确率会成为主要课题。

■ 定制式体验——定制式体验 3.0 时代的到来

定制式体验是在 2000 年左右开始受到关注的一种营销概念。定制式体验不仅通过商品或服务的功能或性能来实现产品的差别化，还通过提高客户在商品或服务的购买过程或使用过程中的情感价值（体验性价值），提高包括商品或服务的物理性价值在内的"客户接受价值"，最终有效提升客户忠诚度，客户接受价值计算公式如图 1-2-1 所示。

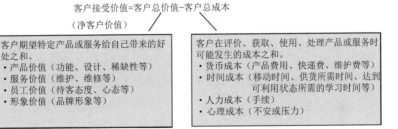

信息来源：由野村综合研究所参照菲利普·科特勒、凯文·莱恩、凯勒著的《科特勒营销管理 基础篇》编写而成。

图 1-2-1 客户接受价值计算公式

在考虑定制式体验方案时，有很多企业经营者会顾虑成本问题，但真正的定制式体验并不只是为了让客户高兴，而是为企业带来更好的销售业绩，从而影响企业的股票价格。美国市场研究机构 Forrester Research 的相关调查结果表明，积极引进定制式体验的企业和没有引进定制式体验的企业在其股票价格方面出现显著差异。实际上，像 Charles Schwab、AVIS 等很多公司正是通过果断采取定制式体验战略扭转了经营状况。

在采用定制式体验战略时，需要结合公司情况采取一对一访谈、民族志（Ethnography）、用户画像等不同方法，其中，客户旅程地图（Customer Journey Map，CJM）很有可能会成为一种产品。CJM 是对客户从对企业商品或服务的了解开始，到购买和使用，甚至到最终废弃的一系列行为和情感予以记录的文档。所记录的内容并不是企业自己凭空想象出来的，而是根据客户反馈的信息、民族志等实际调查结果进行记录的。在此基础上，明确客户真实意图后的理想状态也须反映到 CJM 中。

未来，定制式体验将会继续受到重视，但随着客户所处的大环境的不断变化，其具体的实现方法也会发生变化。定制式体验的老本家约翰·古德曼称："如今的我们正进入定制式体验 3.0 时代，特别是数字渠道的影响力和对其的依赖度不断提高。"因此，今后在考虑定制式体验战略时，应当同时考虑数字渠道的未来趋势。针对数字渠道的发展趋势，NRI 公司主要关注以下三点。

- 接触点数量（Omnidirectional）

- 接触形态（Polymorphic）

- 接触时点（Proactive）

接触点数量表征全方位，这里主要指随着 API 经济的发展，客户接触点已超出公司现有的渠道范围并不断向其他公司的渠道扩张；接触形态表征多形态，这里主要指可穿戴产品或机器人等成为客户接触点的数字设备的形态日益多样化；接触时点主要指在客户随时携带的多形态数字设备等对数字渠道的依赖程度不断提高的前提下，在客户要求之前主动提供服务。

未来，在制定定制式体验战略时应充分考虑未来发展趋势，同时还需要应对"客户到底需要什么"等模糊课题。为此，需要采用设计思维等有助于提高定制式体验的有效方法，但如果业务现场要实施这些方法的话，改写开发程序尚需要时间。因此，企业应在预测这些因素的基础上，尽早采取定制式体验战略，影响定制式体验的客户数字渠道的发展趋势如图 1-2-2 所示。

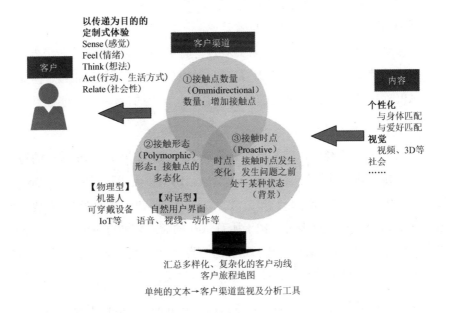

信息来源：野村综合研究所。

图 1-2-2　影响定制式体验的客户数字渠道的发展趋势

■ API 经济——利用 API 开展商务活动的 API 经济崛起

最近，一种称为 API 经济的新兴趋势备受关注。应用程序编程接口（Application Programming Interface，API）能够基于某个软件调用其他软件的功能，通常以"返回值=函数（参数）"的形式表现。

之前，API 广泛应用于开发领域，而"API 经济"主要指从某一企业业务牵引出另一企业业务。从调用方来看，API 的目标并不仅是软件功能，而是由企业提供的商业服务。

未来，随着 API 经济日趋普及，提供公司业务价值的渠道由公司内部扩展至外围企业。同时，还通过整合第三方业务价值和本公司业务价值的方式向客户提供更高的附加价值。如今，全渠道受到业界的关注，但从客户角度来看，渠道合作再怎么无缝连接，最终也只不过接受某一家公司的商务价值，在生活中所占的份额微乎其微。也就是说，企业和客户之间的接触点（店铺、网站、移动应用软件、呼叫中心等）对客户的整体生活来说只是一个点，即便通过连接该接触点并包围客户，最多也只能形成一个平面环形线。但如果通过 API 经济模式将其他公司的接触点也纳入其中的话，就有可能接近立体球状（全方位）。

若要实现 API 经济，就需要对外公开 API 接口。虽然 API 接口的对外公开往往伴有诸多问题，但 Amazon、CA、IBM、英特尔（Intel）、Google（2016 年 9 月收购了 Apigee）等公司专门提供了解决这些问题的 IT 解决方案——API Management 服务。由于所有 API 的调用均通过 API Management 进行，因此可对 API 供应方和利用方进行监视和管理，尤其是在多个 API 的认证或许可、政策的统一管理功能等方面效果很好。

在 API 公开的标准化领域，由 3Scale、Apigee、Capital One、Google、IBM、Intuit、Microsoft、PayPal、Restlet、SmartBear Software 于 2015 年 11 月发布的 Open API Initiative（以下称 OAI）的进展情况备受瞩目。OAI 积极推进记录 RESTful API 设计格式的标准化进程。该格式无须查看程序源代码也能理解 API 规格，OAI 规范不仅要求相关人员掌握其规格，还要求实现机读化。

除此之外，还应该关注标准化领域中各国政府的最新动向。英、美政府开始要求金融、通信、行政机构对外公开其拥有的个人信息。为了加快这些信息的实际应用，近几年积极推荐通过 API 提供相关数据。

■ FinTech——"金融×IT"的创新产物

作为 2015 年的一匹黑马而成为行业焦点的 FinTech，指的是传统金融业务与科技相融合，重新定义的金融服务、新兴金融相关服务或提供类似服务的企业。

FinTech 之所以在欧美得以流行，其根本原因是垄断金融机构遭到普通消费者的嫌弃、传统金融机构及支行等的使用人数不断减少、通过移动终端利用金融服务的机会剧增等所谓的"普通消费者行为模式的变化"。

FinTech 大体分为"三大类"：传统金融服务领域所没有的"全新服务"；通过新技术，实现现有金融服务的高便利性和低成本化的"替代服务"；以现有金融服务为后台，向更便利的服务模式转换的"补充服务"。

全新服务的应用案例有"智能金融顾问""P2P 借款""股权众筹"等；替代服务的应用案例有基于区块链的各种服务、基于智能手机或平板电脑的信用卡支付服务等；补充服务的成功案例有个人财务管理（Personal Financial Management，PFM）、移动专业银行，以及基于银行对外公开的 API 接口的各项服务等。

针对 FinTech 技术的崛起，传统金融机构可采取并购或与 FinTech 新兴企业合作，提供快捷键程序（Accelerator Program）或成立企业风险投资（Corporate Venture Capital，CVC），或在公司内部设置 FinTech 管理部门等措施。其中，欧美金融机构普遍采取的措施是提供快捷键程序。主要针对具有创新想法的创业者或刚成立不久的新兴企业，由传统垄断金融机构设定 2～3 个月的期限，为其提供共同工作空间或业务指导（Mentorship），以支持课题解决或创意、样机的市场投入。

随着 FinTech 技术的发展，各种新型服务不断出现。但在服务过程中一旦发生严重的系统故障或违规现象，直接导致投资者和消费者蒙受损失的话，目前的 FinTech 热潮将很有可能毁于一旦。

因此，日本金融厅于 2015 年 12 月公布拟设立有关 FinTech 一元化咨询和信息交换窗口"FinTech 支持平台"。该支持平台接受 FinTech 相关风险投资者的业务咨询，并就有无违反金融相关法律规定给予解答。

金融业务和各国的政策或监管紧密相关，海外提供的相关服务不一定适用于日本国内。FinTech 在日本国内得到普及，离不开政府部门的支持。

■ 零售技术（Retail Tech）——实现物理数字化（Phygital）购物体验

很多零售业积极开展的"全渠道"战略促使网络和实体（店铺）渠道相互结合。全渠道零售的主要特点是在"认知""考虑""购买"等购物过程的各阶段实现渠道的最佳组合，从而接近客户。该特点成为推动网络和实体（店铺）渠道相结合的要素。

英国百货店 John Lewis 于 2014 年公布的报告显示，在网上搜索后到店铺购买的人占 23%，到店铺确认后在网上购买的人占 12%，在购买过程中网络和实体都利用的人超过 3 成。另外，在日本国内的购买行为中，网络和实体相结合的模式日益普遍。野村综合研究所自 1997 年起每隔 3 年对 10000 名普通消费者进行问卷调查，其中"在店内购买商品时，利用智能手机，一边比较信息一边选购商品"的消费者占比由 2012 年的 7.9% 增长到 2015 年的 18.4%，提高了 10 多个百分点。

网络和实体的渠道融合趋势在实体店铺之间也开始显现。例如，像 2015 年 10 月正式开业的美妆连锁店 Sephora Flash 这种无法经营多种商品的小规模店铺，可通过引进电子信息亭或射频 IC 卡系统在数字世界对店内无库存的商品进行检索或下订单，这种经营模式就是网络和实体相结合的典型案例。通过将物理（Physical）世界和数字（Digital）世界相结合，向客户提供全新的购物体验的模式被称为"物理数字化"（Phygital，Physical+Digital）。

Phygital 现象也逐步走进家庭生活。与互联网相连的物联网设备逐渐走进家庭并成为在家里购物或提供服务的新数字渠道。例如，美国 Amazon 于 2015 年 7 月正式开始销售具有互联网连接功能的音响产品"Amazon Echo"。Amazon Echo 采用语音识别技术，通过向终端设备发送语音就能进行各种操作，除了可以制作购物清单、在 Amazon 下订单，还可以确认日程安排或获取新闻等各种信息。除此之外，还销售单价为 5 美元、专门针对日用品下订单并可连接到互联网的按钮式物联网设备"Amazon Dash Button"。

另外，随着以 Pepper 为代表的服务机器人的出现，客户沟通的数字化进程也逐渐起步。图像识别、语音识别、情感识别等识别技术的发展进一步推动了机器人在客户接触点领域的应用。虽然机器人能够具备与销售人员相当的沟通能力，但最终取代人类还需要一段时间。作为过渡期的解决方案且目前处于实用阶段的是"Telepresence 机器人"。Telepresence 机器人是搭载摄像头、显示屏、麦克风、音响等装置的移动机器人，可通过互联网在计算机或智能手机上进行远程操作。美国还出现了使用 Telepresence 机器人的无人商店，如图 1-2-3 所示。

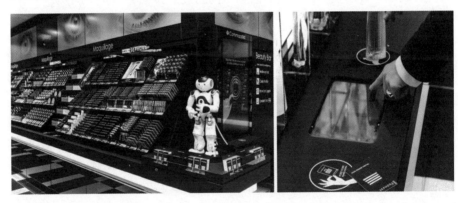

信息来源：LVMH 新闻报道（2015 年 11 月 2 日），http://www.lvmh.com/ news-documents/news/sephora- flash-the-connected-beauty-store/。

图 1-2-3　美妆连锁店 Sephora Flash

在不断涌现的 Phygital 模式中，成功的关键在于能否实现购买行为的连续性和购物体验的便利性。针对室内利用日趋普及化的物联网设备，应当在充分保障使用者个人隐私的基础上，实现客户数据和物联网数据的整合，并以此创造出新的附加价值。为此，需要逐步完善与物联网数据利用相关的标准规范。

■ 数字营销——实现有助于客户终身价值（CLV）最大化的客户沟通

数字营销是指企业利用数字媒体开展的针对商品和服务等的营销活动。根据其特点，可将数字媒体大致分为三类：购买广告位的"付费媒体"，企业自己拥有的"自有媒体"及赢得信用、口碑和共鸣的"收费媒体"。数字营销可根据数字媒体各自不同的特点，为客户和企业设计最佳的宣传方式，还可以根据不同个体进行最佳沟通。

如今越来越普及的数字营销工具，在设计时，均以实现登录页面访问量（PV）及由此产生购买行为的转换率（CVR）的最大化为目标。但客户在做出购买决策前可能通过各种渠道与企业接触，所以仅关注 PV 或 CVR 这两个指标难以有效增强与客户之间的整体沟通效果。

市场营销活动应追求客户终身价值（CLV）的最大化。但遗憾的是，要精确计算出 CLV 不是一件容易的事。同时，为了挖掘 CLV，需要明确客户在购买决策过程中所接收的企业宣传内容中的各项要素的贡献。多个要素对购买决策的贡献度分析称为"归因分析"，洲际酒店集团及 Orange（法国电信运营商）等采用归因分析方法成功开展了数字营销活动。

在进行新客户开发或休眠客户唤醒时，大多选择付费媒体，其中横幅广告占据重要地位。但由于屏蔽广告功能的应用、利用第三方 Cookie 时选择性加入（Opt-in）事项的强制要求等，运用 Cookie 进行个体识别的方法面临方向性转变。作为解决方案，可采用无须 Cookie 的设备识别方法，以及利用与广泛渠道有接触点的身份 ID 进行个体识别。

同时，也有一些人对横幅广告的效果提出了疑问，随着归因分析及 CLV 趋势越来越明显，除横幅广告外，还要求积极开展诱发购买行为的客户交流。作为横幅广告的替代物，大众对原生广告的期待日益增多，因此可根据阅览者的嗜好及上下文提供最佳的广告内容。

另外，随着表现手法的不断发展，视频广告越来越受到关注。Hulu 公司与公共 DMP 开拓者 Oracle DMP 合作，开始提供视频广告的精准投放服务。

大多数重视 CLV 最大化的企业会加大对网站、移动应用软件等自有媒体功能的扩展力度。根据需要也会采用收费媒体，但建议要在对客户深度了解的基础上，实现投资效益最大化。

在扩展收费媒体功能方面，发挥重要作用的是以企业客户 ID 为关键要素、以加深对客户的理解为目的的"Private DMP"。Private DMP 中存储过去的销售记录、公司网站的访问记录等信息，为归因分析和 CLV 预测提供依据。以 Private DMP 为核心，进一步扩展收费媒体的功能，付费媒体和自有媒体的合理组合是数字营销成功的关键要素之一。

1.3 2030 年的 IT 行业预测

本节主要介绍 2030 年 IT 的动向及对企业的影响的预测。虽然在《IT 导航图 2016 年版》中也曾阐述过相同内容，但此处主要以思维企业为例，并对部分内容进行了更新。

NRI 认为即将到来的 2030 年，"与现实世界的融合""智能化""自然用户界面的实现"三大 IT 技术领域将成为重点。我们提出了"RIN 计算"的新概念，它表示有望借助该三大技术领域的发展得以实现的 IT 行业的整体状况，RIN 计算如图 1-3-1 所示。

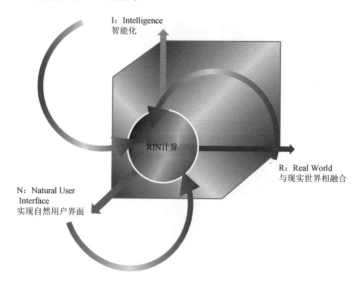

信息来源：野村综合研究所。

图 1-3-1 RIN 计算

1. 构成 RIN 计算的三大技术领域

■ 与现实世界相融合

（1）正确把握"现实世界"的"网络世界"才能造就更高价值。

如今，我们周边的所有事物都被网络化，并且由此产生的数据反过来用于产品或服务。其背景除了感知设备的高性能化、小型化和低价化，还有感知器和网络一体化芯片的正式发布。Cisco Systems 公司的相关报告[1]表明，截至 2015 年，与互联网连接的各类设备达到 250 亿台，到 2020 年，该数量预计将扩增 1 倍，达到 500 亿。

通过把分散的数据集中起来并加以分析，可解读数据之间的相关关系。由此得到的经验将成为进一步改进现有产品、提供新服务的重要依据。服务和产品不断穿梭于"网络世界"和"现实世界"之间，而提高价值的方法是"与现实世界相融合"。

典型案例是将网店和实体店进行结合并以此实现全新购物体验的全渠道零售——美国 Amazon 公司的"Amazon Dash Button"，其于 2016 年 12 月正式在日本国内发售并成为社会热门话题。该产品是只需要在室内安装一个按钮，就能轻松下单洗衣液、矿泉水、剃须刀刀片等日用品的小型装置，能够把现实世界里的家庭和网络世界中的 Amazon 网站相连接。

另外，GE 公司的"工业以太网"也是典型案例之一。

2016 年，物联网领域的"Digital Twins"（数字双胞胎）概念成为行业焦点。其基于现实世界中的事物收集各种数据，并在计算机上还原出一模一样的事物。通过该技术，不仅可以掌握工厂内每台机器的运行状况，还可以

---

1 "The Internet of Things How the Next Evolution of the Internet is Changing Everything"，https://www.cisco.com/web/about/ac79/docs/innov/IoT_IBSG_0411FINAL.pdf。

在计算机上进行变更生产线的影响分析。

（2）GE 案例显示与现实世界相融合的效果。

通过与现实世界相融合，有效提高商务价值的典型案例是由 GE 公司开发的"工业以太网"。过去，工业设备的主要收益来自产品销售收入及之后的售后服务，但定期维护的售后服务的附加价值往往较低。近几年，就连向来由 GE 公司垄断的飞机引擎领域也开始出现被第三方更低价的维护服务取代的现象。对此，GE 公司采用了工业以太网技术的预防性维护服务，通过为客户提供高端服务来争夺业务。

预防性维护服务是指根据已知的使用年限，除定期更换零部件外，还要及时检测故障征兆，有计划地实施日常维护。为了及时掌握故障征兆，系统采用装在设备上的感知装置及云系统中用于数据存储和解析的"Predix"平台。GE 公司于 2016 年 11 月公布，将收购在机器学习技术领域具有优势的 Startup、Wise.io 公司，预计未来 Predix 平台也将采用高端机器学习技术，从而进一步提高预防性维护服务的效率。

预防性维护服务的好处并不仅限于缩短预料外的停工时间。通过优化作业频率，预防性维护能够使员工工作负荷量平均化，从而实现整体服务的低成本化。

工业以太网技术的应用领域也有政府部门的参与。巴西戈尔航空公司就是其中一个例子。2014 年世界杯足球赛和 2016 年里约奥运会的举办导致游客数量急剧增加，巴西当地机场亟须提高地面运行效率。对此，GE 公司对航线进行了详细分析并同政府部门合作，开发出标准航线调整和航线优化的导航系统，从而使客机的起降架次明显增加。

（3）数字化并不局限于高端产品。

与现实世界的融合并不局限于高端产品生产企业或 IT 服务领域。作为具体的应用案例，佐贺县窑业技术中心将 CAD/CAM、3D 扫描仪、3D 打印机等数字技术积极应用于陶瓷制作。

该项技术的突破性进展是利用 2003 年研发的 3D 打印机直接打印出石膏形状物体的制作系统。通过把 3D 扫描仪、CAD/CAM 和 3D 打印机进行连接，就能再现工匠们所拥有的技艺。目前，该技术已被经营有田烧（日本的一种瓷器）的三家陶瓷工作室采用，并且发挥了良好的效果。

但该技术的主要问题是，与模具相比，3D 打印机制作出来的产品有时需要工匠进行手工调整。如今的数字技术水平尚不及工匠的手工技艺，为了尽可能接近工匠的技术水平，需要不断促进技术改进。

3D 打印机制作的模具除了"能够通过机器弥补工匠不足"，还有两个优点。一个是可以制作出手工难以完成的复杂形状，另一个是可以充分利用保存了大量模具数据的数字空间。在通常情况下，石膏模具最多能使用 100 次左右，工作室需要保存唯一的模具，以便能够随时再现石膏模具。确保模具存储空间、解决模具管理问题的方案就是数据的数字化存储。

数字化管理的优点还带来了其他好处。其中一项就是可以利用 CAD/CAM 应用技术，与远在海外的设计师共同创作作品。由于陶瓷烧成工艺引进了与以往不同的要素，因此有望激发全新构思下的产品开发。

（4）与现实世界相融合的理想结构。

设想一下 2030 年的未来世界，与现实世界的融合发展情况是 2015 年无法比拟的。住宅或办公室，甚至是每天上下班所乘坐的电车都能与网络世界相连，最大限度地丰富人们的日常生活。但在通过人与物的合作创造价值的过程中，不能忽视应答的及时性。

基于该观点，设备应具有的"智能"不是在云平台上，而是在各设备上，即客户端。在物联网领域所提倡的"边缘计算"就基于这样的思路，并且在物联网设备和云之间配置了称为"边缘服务器"的服务器群。美国思科系统正在推广的"雾计算"（Fog Computing）也具有相同的结构。

另外，从客户积累的信息中获得的"经验"将通过云系统在各设备之间共享。有机结合客户和云双方各自的优势，在促进与现实世界相融合的过程中尤为重要。

■ **智能化**

（1）深度学习引发的机器学习技术的突破。

信息系统智能化发展的关键要素是机器学习技术。机器学习是指没有明确的既定程序，计算机本身通过经验（数据）自主获取知识和规则的技术和方法。

近几年，"深度学习"尤其受瞩目。以 Google、Microsoft、Facebook 为首的美国 IT 企业均开展了深度学习的研究。

随着 Google 公司研发的 AlphaGo 的问世，深度学习逐渐被大众熟知。AlphaGo 因在 2016 年 3 月击败了世界围棋冠军——韩国围棋大师李世石而成为行业焦点。随后，2016 年年底至 2017 年年初，突降"东洋围棋"和"野狐围棋"，一一击溃棋手达人的神秘用户"Master"正是新版本 AlphaGo。

此外，苹果公司的个人代理"Siri"、Microsoft 的图像检索也采用了深度学习技术。2013 年，Google 公司成功收购了深度学习领域的权威——多伦多大学教授 Hinton 创建的创业公司 DNN Research，人才争夺战愈演愈烈，业内企业并购案也不断增多。

当人类识别某事物时，会先找出适当的特征，例如，识别红苹果和青苹果时，只需要用颜色即可进行区分。但传统的机器学习方法由于无法自主确定识别特征，需要事先通过人工指示，才能将颜色作为特征值进行识别。若想识别像人脸这样的复杂事物，需要事先提取眼睛或嘴唇等低层特征并配置相关的高层特征信息。当目标物的特征比较复杂时，这就成为限制机器学习应用的最大原因。与此相比，深度学习具有自主确定主要特征的功能，无须人工干预即可自主学习。从现有数据中学习其特征的形式称为"表现学习"。期待通过深度学习算法实现表示学习，借此突破机器学习的极限。

（2）由深度学习转向通用人工智能。

20 世纪 50 年代，人工智能研究开始从"通用人工智能"转向"狭义人工智能"。

如今，几乎成为 AI 系统代名词的 IBM Watson 在 IBM 公司内部被称为可理解和学习自然语言、帮助人类决策的"认知计算系统"（Cognitive Computing System）。这也意味着 Watson 并不属于通用人工智能，而属于狭义人工智能。但近几年，随着深度学习技术的应用，成功实现了"表现学习"，再次促进了通用人工智能研究活动的开展。与主要针对国际象棋、语音识别、自动驾驶等特定课题的解决方案而设计的狭义人工智能不同，通用人工智能作为一个独立系统可进行自主学习，像人类一样解决各种各样的问题。

作为自主学习的应用案例，最近比较常见的是在深度学习中采用了强化学习方法。Google 公司的 DeepMind 开发小组在 2015 年 2 月发表的有关"Deep Q-Network"（DQN）的论文中表示，DQN 可自行从游戏中学习规则且其成长速度非常快，像"Breakout"和"Pong"等二维视频游戏，其只需要一天就能获得非常高的级别。

虽然 DQN 不能称为通用的自主学习机制，但深度学习技术有望在实现通用人工智能的道路上做出重大贡献。

（3）通过实现自我学习，扩大人工智能的实际应用。

到 2030 年，通用人工智能实现的可能性仍然较低。但针对更广泛的应用领域的相关课题，可采用一边自主学习一边解决问题的方式。那么，利用人工智能都能实现哪些功能呢？

表 1-3-1 汇总了有望利用人工智能实现的解决方案。具体来说，有望实现根据知识进行预测或分析、辅助人类决策的系统，以及对过去计算机无法处理的自然语言及图像的大批量、高速处理。在这些解决方案中，有很多已经开始尝试实现产业化应用，但这往往需要承担高额成本。例如，有现场老师指导的学习过程中往往需要事先准备很多高质量的问题解答（QA），以便作为学习资料加以利用。但由于整理这些问题解答往往需要花费很多人力，现阶段采用机器学习时学习资料的整理作业将有可能成为阻碍人工智能技

术应用的主要门槛。

到 2030 年左右，随着自主学习技术发展等，有望在支付较低成本的前提下，无须利用太多人力也能实现更高质量的作业。

表 1-3-1　有望利用人工智能实现的解决方案

行业/业务领域	应用案例
金融	● 欺诈检测 ● 金融投资、自动交易 ● 信用风险管理
营销/业务支持	● 下一个最佳动作（Next Best Action） ● 提升客户体验 ● 动态定价
供应链	● 生产管理 ● 需求预测 ● 远程监控
医疗	● 疾病诊断辅助系统 ● 疾病早期诊断系统
公共服务 智能城市	● 犯罪预测和预防 ● 路线优化（急救车调度） ● 交通系统智能化 ● 自动驾驶
人性化界面	● 自然语言处理 ● 文字识别/图像识别/语音识别 ● 情感识别
安全	● 非法登录检测 ● 垃圾邮件应对

信息来源：野村综合研究所。

■ 自然用户界面（Natural User Interface）的实现

（1）用户界面技术的发展情况。

到 2030 年，有望实现"人机交互更加自然的用户界面"。过去，人机交互的主流工具为键盘或鼠标等，由机器接收人类指明的各类信息。将来，机器在自行理解人类信息或行为特征的同时，还会更详细地获取关于人类的信息，根据情况自动调整和应对。

新兴网络公司 HelloGbye 尝试向消费者提供一种利用自然语言就能预约旅游行程的旅游专人服务。例如，只需要提供"从明天开始想去亚特兰大旅游，三天两夜，市区四星级酒店，价格大概在每晚 200 美元以内，附赠早餐。返程航班最好是下午三点以后从纽约出发，如果没有通道一侧的座位，早一点的航班也可以"等明确信息，系统会自动形成旅游方案并进行预约。将来，它就像一个能干的秘书，可根据委托人的个人喜好或日程安排自动提供旅游方案并完成预约等工作。

美国 Amazon 公司的"Amazon Echo"堪称自然语言技术应用产品的鼻祖，该产品于 2015 年 6 月正式上市，是一种可语音操作的智能音箱。

起初，Amazon Echo 除了用于 Amazon Music 等服务，还被 Amazon 用来增加网购客户（用户只需要对着 Echo 说出想要的商品，即可完成网购）。如今，API 接口被公开，第三方也能进行开发。披萨配送连锁店 Domino's Pizza、在线旅游预约网站 Expedia 等已基于 Amazon Echo 成功开发出相关服务，实现了披萨在线下单、确认飞机航班时间、预约酒店等功能。

随着自然用户界面及人工智能技术的不断进步，未来机器替代人工的进程会进一步加快。2016 年 12 月底，有关媒体报道称富国生命保险公司通过引进人工智能技术大幅提高了业务效率，将保险业务部门的 131 名员工削减了 34 名，约占 3 成，成为热门话题。

但自然用户界面的应用并不局限于在服务领域对人工的辅助或替代，预计将会对整个社会产生更大的影响。

（2）自然用户界面所能实现的人类能力将进一步扩张。

将来，自然用户界面不仅会像苹果公司的 Siri、HelloGbye 那样，作为一种网络服务辅助人类的日常生活和各种活动，还会积极开拓人类的能力。有望进一步开拓的人类能力包括两部分，一个是智力或感知能力等信息处理能力，另一个是运动能力。

有一种技术可以通过计算机或设备，将人类能够感知的现实世界范围进一步扩大，这就是 AR。例如，利用 Google 眼镜等可穿戴终端设备，在肉眼可见的街道上添加地址、店铺等信息，并传递给其他人。该技术也可以定义为通过终端设备等增强人的感知能力，以新的形式捕捉现实世界的技术。

今后，随着自然用户界面或可穿戴终端设备的不断发展，除现实世界外，还可根据需要，对环境因素等加以利用，人类的信息处理能力将会进一步增强。

人类能力的不断增强还将体现在体育领域。筑波大学创建的新兴企业 Cyberdyne 正在开发一种可以改善、辅助和增强身体机能的赛博格智能机器人"HAL"（Hybrid Assistive Limb）。集"人""机器""信息"三要素于一身的 HAL 机械衣，除了用于辅助身体功能有障碍的人，还可以帮助健康人拥有比平常更大的力气。例如，通过穿戴具有作业辅助功能的 HAL 机械衣，当使用者举起重物时，可大大减轻腰部承受的压力，轻松举起重物。

HAL 作用原理：当人驱动身体时，首先由大脑向肌肉传递信号，肌肉读取"生物信号"并按照信号指示行动。也就是说 HAL 机械衣按照使用者的想法来支持后续动作。因此，HAL 可以被视为具备自然用户界面的增强人类运动能力的机器。

如上所述，随着利用机器增强人类能力的相关技术的不断进步，人与机器之间相互融合的趋势也是显而易见的。很早以前就有赛博格（电子人）、超人类等概念，但最近代表下一代人类的 Humanity 2.0 一词开始盛行。面向 2030 年，除了 IT 技术，还会不断涌现出如遗传学等增强人类机能的新技术。

（3）人与机器和谐共生。

企业等组织机构也应该考虑如何使带有自然用户界面的智能化机器与人共同开展活动。

随着机器与人之间的沟通障碍越来越少，高端 IT 技术的应用领域将进一步扩大。但目前仍然需要事先完善环境来使机器充分发挥功能，机器运行时也需要人工支持。

日本长崎县豪斯登堡主题公园内有一家"奇异酒店"，该酒店的前台、门童等均由机器人代替人来完成，为了确保机器人的服务畅通无阻，该酒店积极进行环境建设。具体来说，为了确保前台业务顺利进行，酒店专门设置了通知客户入住手续办理完毕的按钮；为了让门童机器人更准确地识别通道，在走廊中增加了标签等细节。

另外，引进了 IBM 公司 Waston 系统的某大型金融机构的呼叫中心，并不是客户和 Waston 直接对话，而是由呼叫中心的操作员从 Waston 提供的备选答案中选出相对合理的答案。同时，Waston 提供的答案是否合理也是由操作员进行评价的，为提高 Waston 的解答质量，构建学习资料的过程离不开操作员的介入。

未来，通过搭载自然用户界面，人与机器之间将会产生全新的、和谐共生的关系。为了使和谐共生的关系充分发挥作用，需要充分了解双方特征，营造一个便于互动的大环境，人类为机器学习提供支援。企业将会不断摸索新的业务运营模式，使已经增强能力的人类和机器组成的新团队充分发挥其作用。

2. 四维企业

■ 四维企业的兴起

在 NRI 内部，一些从事服务或制造活动的企业将自身核心功能和 IT 相结合并不断创造新业务，这类企业称为"四维企业"。若想成为四维企业，企业必须具备 RIN 计算的三大核心技术或有效应用其中的部分技术。通过核心功能和 IT 技术的结合，除了实现服务高端化，还有望创造出新技术、新服务甚至新产业。四维企业可分为四大类，如图 1-3-2 所示。

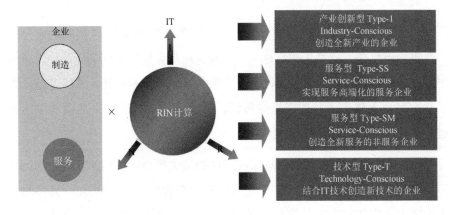

信息来源：野村综合研究所。

图 1-3-2 四维企业分类

"产业创新型 Type-1"指创造全新产业的企业，其具有破坏现有商业模式的影响力。

"服务型"可分类两种，服务企业通过 IT 技术应用实现服务高端化的"Type-SS"和由服务企业之外的制造企业创造出新服务的"Type-SM"。SS 指由一种服务（Service）转向更高端的服务。SM 指在制造活动（日语发音 Monozukuri）中产生服务。在 Type-SS 领域，已有很多企业将其 IT 技术成功应用于商务活动。

"技术型 Type-T"是通过与 IT 技术的结合，创造出新技术的企业。技术型企业具有为了充分应用自身的技术，必须和产业创新型或服务型四维企业结合的特征。

■ 融资业务领域的四维企业

为了更好地理解四维企业，在《IT 导航图 2016 年版》解释了汽车产业的基础上，本书以融资业务为例进行阐述。在 FinTech 的潮流中，该领域技术创新非常活跃，从新兴企业到龙头金融机构都高度关注该领域。融资业务领域的四维企业如图 1-3-3 所示。

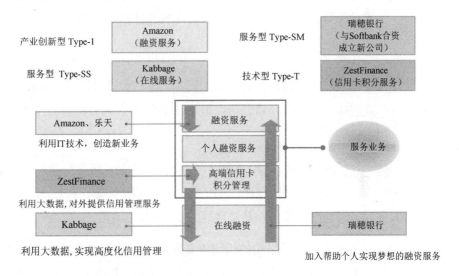

信息来源：野村综合研究所。

图 1-3-3 融资业务领域的四维企业

（1）产业创新型 Type-1：Amazon、乐天等。

在开创新业务——"交易性信贷"（Transaction Lending）方面，Amazon 和乐天可视为融资业务领域的产业创新型四维企业。

交易性信贷指针对进驻电商平台的个体经营者提供的融资服务。Amazon 和乐天都经营电商平台，所以可实时掌握进驻店铺的营业情况。在交易性信贷业务中，以这些可靠性较高的营业额数据为依据，确定"利率"和"贷款额度"。反过来说，Amazon 和乐天从进驻店铺中挑选无坏账风险的经营者，并向他们提供融资服务。

从经营者的角度来看，由于除了营业额数据，Amazon 和乐天还掌握客户评价等相关信息，所以企业无须提交财务报表等资料，审批周期也比较短。另外，无须担保或保证人，只需要在网上申请也是一个特点，这主要因为每天的营业额就是实际担保，可以直接用来还贷。也就是说，就算经营者不能及时还款，也能从其营业额中收回资金，不存在逃债的风险。

（2）服务型 Type-SM：瑞穗银行。

瑞穗银行是日本国内众所周知的大银行之一，瑞穗银行同 Softbank（软件银行）共同成立了一家合资公司，拟通过整合 AI、大数据等 IT 资源，针对个人用户提供新的融资服务。

瑞穗银行和 Softbank 于 2016 年 11 月正式成立了一家合资企业"株式会社 J.Score"。J.Score 主要针对攻读 MBA 学位或音乐专业的学生等，提供帮助个人实现梦想的融资服务，从 2017 年上半年开始运营。

J.Score 的主要特点是采用的信用审查方法与传统方式不同。除了传统的信用卡贷款等业务需要审核的信用记录或就职单位、年收入等基本信息，该公司还收集用户在瑞穗银行的存取款记录及在 Softbank 的话费支付情况、在 SNS 发布的信息等并进行评分，以此确定是否贷款、贷款额度及利率等。也就是说，由于利用了除信用记录等以外的其他信息，未通过传统审核的用户也有可能获得贷款。申请人可通过提供更多的相关信息，享受更优惠的贷款条件。

J.Score 的另外一个特点是只需要一个专用手机软件，就能完成所有相关手续。贷款申请、评分、借款条件等均可利用智能手机进行确认。同时，由于没有实体店面，J.Score 可提供具有竞争力的贷款利率。

服务型 Type-SM 的四维企业的共同特点是，可借助 IT 技术，解决以往的问题。对瑞穗银行来说，可通过利用大数据和 AI 技术，将过去未曾列为贷款对象的消费层纳入新的贷款对象范围。

（3）服务型 Type-SS：Kabbage。

Kabbage 公司是通过互联网向中小企业提供融资服务的美国新兴企业。和银行等传统金融机构的融资服务相比，其主要特点是通过充分利用 IT 技术，实现"申请—审核—贷款"一系列流程的全自动化，无须花费精力，成本低且可在短期内实现融资。该特点最终反映在贷款利率上，和银行等传统机构相比，Kabbage 可实现低利率融资。

另外，由于利用自有资金贷款，违约风险（坏账风险）由公司自己承担，因此需要合理设定信用风险和回报率。为此，该公司建立了一种特有的基于各类数据（大数据）的信用审核体系，即使针对难以评价的中小企业，也能在当天（最晚次日）提供贷款。

例如，当借款方是在 Amazon 或 ePay 等电商平台开店的中小企业时，经借款方许可后，确认其在电商平台上的交易记录并用于资格审核，审核的信息包括接收订单的频率、营业收入是递增还是递减、用户评价等。其优势是可实时掌握每日的订单情况及用户真实的评价信息。

此外，Kabbage 公司还和 Intuit 等云财务软件供应商、Yodlee 等账户整合供应商合作，获取借款方的交易数据、账户信息及客户信息等，开展更细致的对象资格审查。即通过充分利用 FinTech 领域的云财务服务、账户整合服务、会计服务，建立起基于大数据的评分系统。

只要是有助于资格审核的服务，Kabbage 公司就会随时追加，以便不断提高评分模型的准确度。因此，作为一个力求实现服务高端化的服务型企业，

Kabbage 公司可视为融资业务领域的服务型 Type-SS 四维企业。

（4）技术型 Type T：ZestFinance。

ZestFinance 公司是由 Google 的首席执行官 Douglas Merriu 和美国 Capital One 信用卡公司的次级卡（Subprime Card）事业部负责人 Shawn Buddy 共同成立的新兴企业，主要提供基于机器学习和大数据分析的审核模型。

该公司并不提供面向个人或中小企业的贷款服务，而将构建审核模型作为主营业务，客户群体是向个人提供贷款的企业。ZestFinance 公司的绝大多数员工是数学、计算机、人工智能等方面的专家，一般贷款公司通常利用 10～15 个指标来判断个人信用，但该公司的判断指标超过 1 万个。

ZestFinance 公司采用的指标包括大学毕业后的搬家次数、网上填写申请表时是否正确地切换到小写、阅读使用规则花费的时间等。

该公司利用特有的算法计算借款人的违约风险系数，对外提供成本更低的技术。最近，ZestFinance 公司和中国龙头电商京东合作，向中国市场提供服务。中国国内有信用卡消费记录的人数占总人口的 20% 左右，无法采用美国的信用卡评分制度。对此，ZestFinance 公司利用客户购买过的商品、购买时间、商品品牌、收货地址等京东拥有的现有数据进行风险审查。根据其结果，针对没有信用卡消费记录的消费者，在网店进行购物时为其提供分期付款服务。

技术型四维企业主要通过与其他四维企业的合作来提高自身的服务价值。ZestFinance 公司除了同服务型 Type-SS 四维企业的京东建立合作关系，还与中国国内最大的检索引擎百度开展业务合作。在这之前，以技术为核心竞争力的企业往往通过提高服务质量或产品性能的方式提升自身价值。与此相比，ZestFinance 公司却通过和百度合作，试图利用百度公司拥有的检索数据、定位信息等来提升审查的准确度。从纯粹的技术型企业向技术型四维企业转变的关键因素是和其他行业的企业积极开展合作来实现业务创新。

（5）四维企业的发展将影响所有行业。

图 1-3-4 列举了一些现有企业通过将自身核心功能和 RIN 计算结合的方式，成功转变为四维企业的案例。通过积极应用 IT 技术实现全新的金融服务，如今的 FinTech 可谓正处于四维企业的诞生阶段。但四维企业并不局限于汽车产业等制造业和服务行业。

其中一个典型案例就是积极推广机器人在农业领域中的应用的美国 Blue River Technology 公司。该公司成功研发了一种称为 LettuceBot 的新产品，在农业规模经营领域实现了堪比人类手工的细致作业。LettuceBot 利用图像识别技术和机器学习技术，及时掌握各类育苗的生长情况，并利用事先安装的机械手臂进行间苗、去除杂草、根据生长情况优化农药喷洒量等操作。

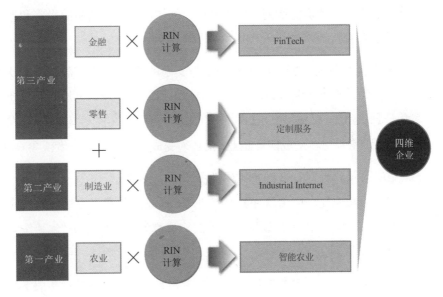

信息来源：野村综合研究所。

图 1-3-4　向四维企业转变的成功案例

与均匀喷洒农药的传统方法相比，Blue River Technology 公司将图像识别技术应用于农业领域，研发的新技术除了可以解决人手不足的问题，还可有效提高商品价值。

3. 向四维企业转变应具备的条件

如前所述，若想成为一个四维企业，需要将服务或制造活动的核心功能和构成 RIN 计算的 IT 技术相结合。但若想实现四维企业的核心——技术创新和服务创新，仅依靠技术是不充分的。如融资业务案例中所述，需要的是跳出现有组织框架的跨领域合作、开放式创新机制。即跨领域企业相互合作的"机制"将成为向四维企业转变的关键所在。

该机制的参考案例就是"多平台"，即不同行业的企业或用户之间直接相连、创造出各种价值所需的通用基础。例如，将拟售商品的卖家和拟购买商品的买家直接连接的乐天市场就属于多平台。

多平台业务成功的重要因素是参与其中的用户数量和企业数量及其多样性。例如，即便是像 NVIDIA 这样的技术型四维企业，也把面向自动驾驶车载计算机系统研发的"DRIVE PX"定位为一个平台，并积极呼吁汽车厂家进行应用。若想转变成四维企业，就必须变成多平台的拥护者或参与其中。

GE 公司将针对行业的物联网业务平台"Predix"作为一项云服务向第三方开放，从而促进应用软件的开发进程。通过对外提供自主开发的应用程序界面（API），扩大平台或生态系统的构思称为"API 经济"，其作为新兴经济备受瞩目。

一直以来，为了提高软件开发的效率和质量，就有将软件和服务以 API 形式加以利用的想法。但 API 经济利用 API 接口增加服务，从而有效提高客户体验价值和商业价值。

例如，Uber 公司对外提供该公司汽车服务的 API 接口，Foursquare、Hyatt 等很多企业把该接口增加到自己的应用软件当中。当通过软件使用 Uber 出租车服务时，Uber 公司将对应报酬支付给相应公司。通过采用这种模式，利用 API 接口的企业可以给自己客户提供更好的客户体验。对 Uber 来说，利用其他公司的基础设施可以获得更多客户。

未来，更多企业将通过不断积累从物联网等新服务中获取的数据，对其进行分析或利用人工智能的方法创造更多高附加价值的新服务。但若想进一步提高其价值，其应用范围不应局限于公司内部，而应积极探索对外公开 API 接口的新途径。

在金融领域，已经出现利用法律规定强制要求各银行对外公开 API 接口的趋势。2015 年 11 月，欧盟部长理事会通过的第二次付款服务指令（Payment Services Directive2，PSD2）强制要求欧盟成员国银行对外公开其标准化 API 接口，以使第三方可以登录查看交易数据。

银行一旦通过 API 接口将账户余额、交易记录等数据及付款或转账等功能对外公开，外部的 FinTech 公司就可以利用这些数据或功能提供创新型服务，给银行甚至国民带来好处。日本政府也接受金融审议会的提案，在 2016 年 10 月召开全国银行协会的"开放式 API 接口研讨会"，明确之后的发展方向。

综上所述，通过公开 API 接口等方式，吸引各类不同企业，提升公司业务价值已成为世界潮流。只有精准掌握这种发展潮流的企业，才能成为真正的四维企业。

CHAPTER 02 第2章

五年后的重点技术

2.1　人工智能（AI）

基于深度学习的人工智能的发展

- 摘要
  - 随着大数据技术的发展和计算处理能力的提高，人工智能（AI）即将迎来第三次热潮。
  - 随着深度学习技术的不断进步，可实现之前由人工完成的特征提取作业的自动化，在图像识别等领域中实现更高的识别率。
  - 虽然深度学习在自然语言处理领域中的应用是有限的，但有可能在机器人或人性化界面领域引起革命性变化。
- 导航图
  - 2016—2018 年：图像识别技术的普及期；
  - 2019—2020 年：自然语言处理和其他识别技术的融合加深；
  - 2021 年及以后：学习功能高效化。
- 主要课题
  - 实现基于企业固有数据的学习功能

2016 年 3 月 9 日，AlphaGo 打败了世界顶级围棋高手，AI 的发展速度远超出了我们的想象。

AI 技术的应用并不局限于围棋领域，其不断向企业管理系统领域渗透。例如，瑞穗银行、MS&AD 保险集团纷纷在其呼叫中心业务辅助系统中引进了美国 IBM 公司的 "Watson"，面向金融机构的项目进展顺利。另外，东京大学医学研究所自 2015 年起正式引进 "Watson" 系统。该研究所称，利用 AI 技术，能够在短时间内发现专业医师也很难诊断出的癌症。同时，一系列的应用成果也成为助推器。

（1）机器学习将引领第三次 AI 热潮。

如前所述，AI 即将迎来第三次热潮。首先，简单回顾一下前两次的 AI 热潮。

第一次热潮出现在 AI 一词刚刚诞生的 20 世纪 50～60 年代。当时，人们想利用推论和摸索技术，使机器人拥有与人类一样的智能水平。虽然其可以解开拼图或玩简单的游戏，但几乎没有具有实用性的成果。

第二次热潮出现于 20 世纪 80 年代。在此期间，将专家的知识作为一种规则传递给 AI（以规则为基础的 AI——规则型 AI），并用以解决问题的 "专家系统"（Expert System）的研究得以推进。虽然也出现一些在商务领域中的应用实例，但其应用范围相对有限，导致热潮也慢慢退去。尤其是向 AI 灌输规则的难度超出了预期。

第三次热潮的原动力来自已经达到实用水平的先进的机器学习技术。机器学习的雏形早在 20 世纪 60 年代就已经出现，但达到实用水平花费了很长时间。其主要原因是在机器学习领域需要庞大的计算机系统资源来支撑大量的学习数据和烦琐的学习流程。

直到 2000 年前后，终于能用合理的成本构建大数据平台，使获取大量学习数据变得更加容易。另外，随着图形处理器（Graphics Processing Unit，

GPU）等技术的应用和普及，也更容易采购以灌输数据为主要功能的计算机系统资源，使机器学习的普及得以实现。

引领第三次 AI 热潮的机器学习包括很多技术,其中关注度最高的是"深度学习"。深度学习是模仿人脑的神经回路并利用三层以上的神经网络学习大量信息的方法。

目前常用的深度学习技术的实现方法产生于 2006 年，但 2010 年以后才得以飞速发展。以 Google、Microsoft 和 Facebook 为首的美国垄断 IT 企业纷纷开展深度学习技术研究。据称，Google 通过 AlphaGo、Street View（街景）、语音检索等 1500 多个项目积极推进深度学习技术的应用进程。另外，苹果公司的个人代理"Siri"语音识别、Microsoft 的"Bing"图像检索等也是众所周知的应用实例。

对神经网络技术的研究早在第一次 AI 热潮时就已经开展，并非新兴事物。但在三层以上的深度结构中很难有效地进行参数调整，只适用于第二层的线性分离等单纯问题，导致其长期以来在 AI 研究领域里被冷落。

彻底改变这一状况的是多伦多大学（加拿大）Geoffrey Hinton 教授团队的相关研究。2006 年，其发表了 Auto-Encoder（自动编码器）深度学习的原型方法，推动了 AI 新一轮热潮的到来。

（2）深度学习带来的机器学习技术的新突破。

为什么迄今为止对深度学习技术的关注度迟迟不减？要解答这个问题，就需要对 AI 相关技术的应用领域、研发及运营成本进行分析。

例如，在 20 世纪 80 年代风靡一时的规则型 AI 技术的应用范围有限，其主要原因是运用 AI 所需的规则构建非常困难。为此，目前规则型 AI 技术的应用还局限于机器学习有困难的对话系统等特定领域。

与此相比，如今 AI 技术核心——机器学习的应用范围要比规则型 AI 更加广泛。常见的例子有垃圾邮件的分类、电商网站中客户需求预测及商品推荐等。

但在"传统"的机器学习领域，确定执行分类或预测任务所需的必要"特征"的时间和成本容易成为阻碍因素。AI 相关技术的应用领域、研发及运营成本如图 2-1-1 所示。

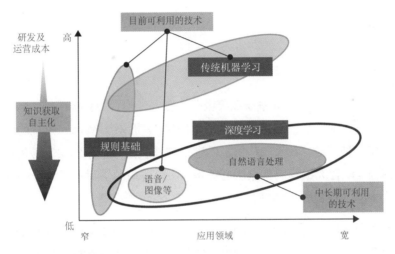

信息来源：野村综合研究所。

图 2-1-1　AI 相关技术的应用领域、研发及运营成本

例如，在区分红苹果和青苹果时，人类只需要利用颜色这一"特征"就能轻松区分。但除深度学习外的其他"传统"机器学习技术无法自动提取所需特征，因此需要事先由人工指定用颜色作为特征进行识别。

必须进行人工干预的特点成为构建可识别具有复杂特征的事物系统的最大瓶颈。例如，识别人脸时除了"眼睛""嘴唇"等低层特征，还需要事先向 AI 灌输"眼睛或嘴唇匹配的相关性"等高层特征。当任务特征更复杂时，很难将特征正确地传递，这也是限制机器学习及神经网络应用领域的主要因素。因此，若想提高传统机器学习的性能，就需要花费巨大的研发和运营成本。

有望克服传统机器学习弊端的是深度学习技术。在深度学习领域，AI

系统会自动从大量数据中提取执行任务所需的特征。也就是说，并不需要由人来决定特征，人只需要提供大量的相关数据即可。深度学习可以在学习过程中发现事物特征。

上述这些机制被称为"表现学习"，有望成功突破机器学习的固有限制。

1. 应用案例

■ IBM 公司的 Watson

2011 年 2 月，Watson 系统在美国非常有人气的智力竞赛节目"Jeopardy"中打败了竞赛冠军，一夜成名。之后，IBM 公司围绕 Watson 系统的商业化进程开展各种活动。在美国，积极促进在护理或医疗领域的实际应用；而在日本国内，以各大银行的客服中心业务、保险公司的支付业务等金融部门的项目为中心，积极开展活动。

澳大利亚的 ANZ 银行（Australia and New Zealand Banking Group）针对那些净资产较少、财政状态比较单一的年轻顾客提供视频顾问服务。但当业务经验较少的金融顾问负责该业务时，出现了花费时间长、运营成本高的问题。为此，ANZ 银行为了提高服务效率并使经验较少的年轻金融顾问也能快速回答问题，开始着手开发 Watson 系统和视频顾问服务整合系统。

在项目开发过程中，虽然 ANZ 银行同 IBM 开发团队建立了协调机制，但由于在程序标识符范围及其执行定义上花费太多时间，导致开通资产运营相关的首款工具（Beta 版）用了 20 个月的时间。

随后，将资产运营业务平台、存款业务平台、信用卡业务平台等由各业务部门独立运营的业务平台接入该系统的过程，以及为提高客户分析精度所需的数据收集过程也异常艰难。

虽然系统的引进过程充满艰辛，但系统一经开通，Watson 就具备了强大的功能。之前金融顾问向客户提出最终建议往往需要 5～7 个工作日，情况比较复杂时甚至需要 2～3 周。因此，服务每个客户的平均成本达到了 3000 美元[1]。

但通过引进 Watson 系统，提供最终建议所需的时间缩短至 20～30 分钟，大幅削减了成本，其结果是银行可以向更多净资产较少的客户提供相关服务。

■ Sentient Technologies 的 "Visual Conversation" 界面

在深度学习技术的应用领域中，图像识别的技术成熟度较高。在欧美国家出现很多向客户提供以电子商务高度化为目的的图像检索技术、对工厂中的产品质量进行检测和分析、利用卫星图像预测谷物收成情况等各种解决方案的初创企业。

其中，以"创造具有超强可扩展性的大型 AI 系统"为目标的美国 Sentient Technologies（人工智能研发）公司是备受行业瞩目的代表企业之一。该公司利用自主开发的基于深度学习的图像识别技术，并针对电子商务领域推出的解决方案"Sentient Aware"的"Visual Conversation"界面，可通过图片对电商网站中的商品进行检索，而无须输入关键词。

在通常情况下，像服装、家具等商品，其质感和外形等成为客户选择商品的主要标准，很难通过文字进行检索。因为在大多数情况下，基本数据库里并不包含有关商品形状和质感的数据，但客户很容易根据图片判断相关商品是否是符合自己需求的东西。利用深度学习对商品图片进行分类，之后就可根据商品分类显示有可能满足客户喜好的商品图片。

以美国和加拿大市场为主，开展鞋类商品在线销售的销售公司"shoes.com"在其公司网站"SHOEme.ca"上提供利用 Sentient Aware 技术根据图片进行商品检索的服务。如果在页面显示的多个图片中选择和个人喜好接近的图片，系统就会自动显示与选中图片具有相同特征的鞋的图片。通

---

1 包括商品研究、合规性、资料编写等所需的成本。

过重复上述操作，客户最终可找到完全符合自己喜好的鞋。

从鞋的图片中提取商品特征并进行分类的功能是通过深度学习技术来实现的。由于无须人工输入商品特征并对鞋进行分类，所以可以在不花费人力的基础上提高服务质量。特别是该公司采用的技术无须像识别狗或猫那样对大量标有正确标签的数据进行学习。因此，学习资料的准备工作相对少，便于引进和利用。

2. 导航图

下面主要基于有关深度学习的各种解决方案，简单介绍与 AI 相关的技术动向。

■ End-to-End 处理

随着深度学习技术应用领域的不断扩大，"End-to-End"（"端对端"）深度学习处理技术的应用案例不断涌现。语音识别处理模型由从短时间的语音录音中分析基本音素（区分各音节语义的语音最小单位）的"声学模型"和判断由基本音素组成的各词汇组合的"统计语言模型"构成。传统的语音识别仅针对"声学模型"采用深度学习技术。但最近，"统计语言模型"也开始采用深度学习技术，在"端到端"的所有阶段均采用构建深度学习模型的方式进行语音识别。

"End-to-End"处理技术的最大优点是能够进一步提高识别精准度，最近通过连接各种不同的深度学习模型，使以往不可能实现的处理成为可能。例如，通过将图像识别模型和语音产生模型相连，可以生成图片说明文字。Microsoft 公司利用图像说明文字生成模型为视觉障碍者提供辅助。

美国 NVIDIA 公司则将"End-to-End"处理技术应用于无人驾驶车辆。该公司除了通过摄像机实现图像识别功能，还利用深度学习技术控制方向盘或油门等，如图 2-1-2 所示。虽然目前很多无人驾驶车辆的图像识别部分采用深度学习技术，但驾驶控制部分却采用规则式处理。因此，在碰到既定规则以外的路况时其适应性不高。与此相比，该公司的研发模式是收集摄像机拍到的图像和与之同步的驾驶控制信息，并将其作为深度学习数据加以利用。因此，即便没有白线等显著记号，车辆也能根据输入的图像信息正常行驶。

■现有的无人驾驶车辆
　利用人工智能技术识别白线等外围环境 → 驾驶控制依靠规则来实现
■NVIDIA公司的处理方法
　生成与有人驾驶时的控制数据相同的人工智能训练

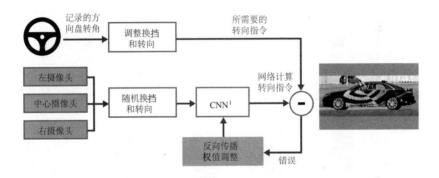

信息来源：https://devblogs.nvidia.com/parallelforalld/deep-learning-self-driving-cars/。

图 2-1-2　NVIDIA 公司的"End-to-End"深度学习无人驾驶车辆控制管理

■ 模型的巨大化和数据容量的不断增多

如前所述，在深度学习应用领域中，图像识别技术成熟度较高且最受关注。其契机是 2012 年举行的"ILSVRC"（ImageNet Large Scale Visual Recognition Challenge）视觉识别挑战赛。与错误率高达 27%的传统方法相比，多伦多大学 Hinton 教授利用深度学习技术以低于对手 10%以上的低错

---

1 CNN（Convolutional Neural Network）：常应用于图像识别领域的神经网络。

误率获得了胜利。ILSVRC 赛事成果不断被刷新，2012 年的错误率为 16%，2015 年的错误率降至 3.57%。

针对 ILSVRC 任务，人类的出错率在 5.1%左右，可以说在静态图像分类等单纯任务中，深度学习的认知率已经超过了人类。

随着图像识别精度的不断提高，深度学习模型呈现出巨大化的趋势。2012 年获胜的 AlexNet 由 8 层神经网络构成，其层级逐年增多，至 2015 年已增加到 152 层，如图 2-1-3 所示。随着层数的不断增多，模型学习所需的运算量也不断增多，需要更多的硬件设备支撑。

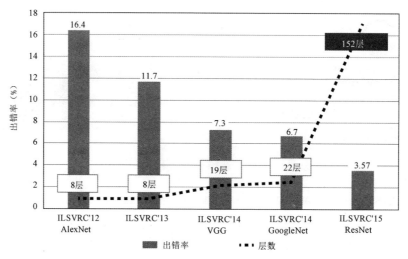

信息来源：Microsoft 演讲资料。

图 2-1-3 深度学习应用网络的大规模化

另外，有关模型精准度和学习数据量之间的关系研究也积极展开。百度的语音识别模型的研究结果表明，在传统的机器学习方法中，当学习数据增加到一定程度之后识别精准度不会再提高，与之相比，在深度学习模型中，只要学习数据量不断增多，其精准度也会不断提高。

在研究领域，人们还积极开展如何通过更小规模的神经网络，用更少的学习数据实现高精准度的模型。但若想实现该项研究成果，实现高精准度的

AI 模型，往往需要更大规模的计算机资源和大量的数据。

■ 深度学习所需的硬件设施平台

若想构建更高端的深度学习模型，需要高速且耗电量更低的计算机硬件设备，相关的硬件设施平台正在发生较大变化。

目前，建立深度学习模型时最常用的是图形处理单元（Graphics Processing Unit，GPU）。GPU 由多个核心部分构成，和通用的 CPU 相比，并列处理的运算速度更高，其最初用途是实现图片的高速处理，该特点在机器学习领域也同样适用。但最近为了提高单位耗电量的运算性能，对其他方法的研究日趋活跃。

代表之一就是被称为现场可编程门阵列（Field Programmable Gate Array，FPGA）的集成电路的应用。虽然早期 Microsoft 公司在其检索引擎"Bing"的自然语言处理模块采用了装有 FPGA 系统的专用服务器，但毕竟是有限的。2016 年 10 月，百度公司正式对外公布拟引进 XILINX 公司的 FPGA 系统，以实现数据中心机器学习应用程序的高速化；同年 12 月，AWS 公司也公布在 Amazon EC2 平台的 F1 界面中采用 XILINX 公司的 FPGA 系统。通过应用 XILINX 公司的 FPGA 系统，使基因组分析、财务分析、视频处理、大数据分析、机器学习推论等工作的高效化成为可能。未来，除了在机器学习领域，FPGA 还将成为有力推动数据中心各种处理业务的高速化和低耗电化的重要技术，其应用领域会越来越广。

第二个动向是机器学习领域的专用处理器的研发。Google 公司于 2016 年 5 月正式公布，其已成功研发出深度学习专用处理器"Tensor Processing Unit（TPU）"，并且于 2015 年投入使用。

除了前文介绍的 AlphaGo，TPU 技术还应用于 Cloud Machine Learning 平台、Google Maps Street View（街景地图）、语音检索等公司内部 100 多项开发，其单位耗电量带来的运算性能是 GPU 或 FPGA 的 10 倍。

第三个动向是在量子计算机中的应用。主要是目前已处于实用阶段的"量子退火算法的量子计算机",其具有与机器学习领域中"组合优化问题"的学习处理同等水平的计算能力。

欧美国家已看准量子计算机在 AI 领域中的应用前景,除了由政府主导积极推动在量子计算机领域的战略性投资,Google、IBM 等公司也积极推进量子计算机的研发工作。

■ 2016—2018 年:图像识别技术的普及期

在这期间,基于深度学习的图像识别及异常检测等相关技术的商业化进程得到发展,各项技术开始应用于制造业领域中的产品质量管理或作为机器人"双眼"予以应用。另外,针对零售店的防盗及顾客行为分析等,在视频处理方面的应用也会进一步加深。电商网站则会实现基于图片的商品推荐或商品检索功能。

另外,该期间深度学习在自然语言处理领域的应用是有限的。传统机器学习模式中的自然语言处理的知识储备过程需要大量人力,若想提高质量,就必须花费更高的成本。为此,在自然语言处理领域中机器学习更多应用于如聊天机器人那样可锁定范围的对话系统或呼叫中心等通过精简人员可明显节约成本的项目。

■ 2019—2020 年:自然语言处理和其他识别技术的融合加深

在图像处理领域,除了"分类"和"识别"功能,图像的自动生成也开始逐渐受到重视。

借助深度学习进一步扩大自然语言处理技术的应用领域,在机器翻译或热点分类等方面采用深度学习技术的现象日益普及。同时,在"End-to-End"处理中采用自然语言处理和其他识别技术相结合的案例越来越多。其结果是,通过语音识别或文字识别和语言模型结合的方式提高精确度,用文章说明图像识别结果等应用软件将日益普及。

各大汽车厂商以 2020 年东京奥运会和残奥会开幕为目标，积极开展高速路上的无人驾驶实用化测试。例如，丰田汽车争取到 2020 年推出在高速路上可自动变道或超车的无人驾驶车辆；日产汽车预计到 2020 年实现在有交通信号的普通道路上的变道功能。

AI 相关技术导航图如图 2-1-4 所示。

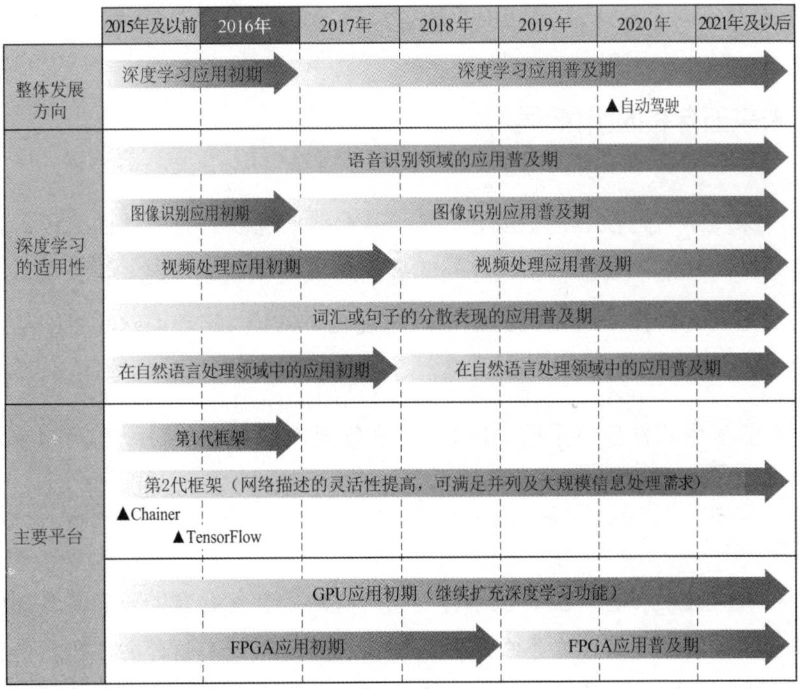

	2015年及以前	2016年	2017年	2018年	2019年	2020年	2021年及以后
整体发展方向	深度学习应用初期			深度学习应用普及期			
						▲自动驾驶	
深度学习的适用性			语音识别领域的应用普及期				
	图像识别应用初期			图像识别应用普及期			
	视频处理应用初期			视频处理应用普及期			
			词汇或句子的分散表现的应用普及期				
	在自然语言处理领域中的应用初期			在自然语言处理领域中的应用普及期			
主要平台	第1代框架						
	第2代框架（网络描述的灵活性提高，可满足并列及大规模信息处理需求）						
	▲Chainer						
	▲TensorFlow						
	GPU应用初期（继续扩充深度学习功能）						
	FPGA应用初期			FPGA应用普及期			

信息来源：野村综合研究所。

图 2-1-4　AI 相关技术导航图

■ 2021 年及以后：学习功能高效化

除了配备教师的方法，主流的机器学习方法无须事先准备学习数据，将通过反复试错自主学习的方法，越来越多地应用于机器人、无人驾驶车辆的控制等领域。

在有监督学习中，有望实现尽可能减少学习数据的方法和提高学习效率的技术应用。提高学习效率的方法之一是"迁移学习法"。所谓迁移学习法，是指通过事先灌输其他训练数据的模型，使其掌握另外一个新的课题的学习方法。与从零开始学习相比，学习效率有望得到提升。深度学习中的迁移学习领域正积极尝试以事先学习过的神经网络中间层的输出为特征加以利用的学习方法。

3. 未来五年的应用情景

以深度学习为核心的 AI 技术将应用于越来越多的应用软件或设备。其结果是，机器设备或系统和人之间的界面对人类来说越来越自然。另外，就像利用无人驾驶技术的无人出租车，即便是不太懂 IT 知识的人也能从中得到技术发展带来的好处。

企业应用软件也将采用 AI 技术。在很难实现与竞争对手之间的差异化经营的大众化领域，采用由 Salesforce.com 提供的"Einstein"等 AI 技术比较有效。

对未来企业来说，把 AI 技术作为一个实现差异化经营的有力武器加以利用越来越重要。随着技术不断成熟，技术的应用领域不断扩大，技术更新的速度也不断加快，为了抓住这个机遇，企业也需要从 AI 技术的战略性应用角度出发，采取必要的技术保障战略或培养 AI 技术人才、储备内部数据等。

4. 实现目标所面临的主要课题

AI 技术应用的主力军是以收购了 DeepMind 公司的 Google、Facebook 为代表的 IT 龙头企业，这类企业在 AI 领域中投入最多的就是深度学习。Google 和 Facebook 分别于 2012 年聘请多伦多大学的 Hinton 教授和纽约大学的 Yann LeCun 教授开展深度学习研究，这两位教授是堪称奠定现代深度学习基础的一线研究专家。

日本国内积极开展 AI 技术研究的是制造业巨头，特别是汽车行业积极推进 AI 技术研究的趋势非常明显。2016 年 1 月，丰田汽车在美国成立了一家专门从事 AI 技术研发的公司——Toyota Reserch Institute。除了未来五年相继投入 5000 万美元的巨额资金，CEO 一职聘请了曾在美国国防部高等研究计划局担任机器人研究项目负责人的吉尔·普拉特（Gill Pratt）。此外，还打算邀请麻省理工学院和斯坦福大学的几位一线研究专家参与研究。

未来，AI 技术将不断向无人驾驶车辆、机器人、工厂的故障检测等产品和应用领域渗透。而这些领域是纯粹的 IT 企业很难介入的行业，也将作为日本特有的 AI 技术应用场景而备受期待。

AI 技术之所以先应用于面向个人消费者的网络服务或制造业领域，主要原因是投资效益相对较高。例如，网络服务领域的潜在用户数达几亿。利用 AI 技术的商品推荐功能，可以使电商网店的交易成功率提高几个百分点，带来可观的收益。另外，在无人驾驶车辆或机器人等方面，针对数量较多的产品采用相同 AI 技术的话，其投资容易回收。

而针对在一般企业的日常业务活动中的应用，目前处于摸索投资效益相对高的特定领域的阶段。目前在 AI 技术应用领域，基于机器学习的模型开发及掌握规则所需的数据储备往往需要花费很多成本。因此，在引进 AI 技术时，除了考虑从技术角度进行人员辅助或替代的可行性，还需要对投资效益进行专项评估。

例如，在金融机构的客服中心引入 AI 系统的项目中，若是大型客户中心的话，尚可期待其投资效益，但如果是规模较小且需要应对各种不同问题的客户中心的话，很难期待其投资效益。因为 AI 系统开发成本与问题的多样性等学习数据的规模有直接关系。

根据不同应用领域，学习数据需要不同深度的知识。以个人消费者为对象的服务领域，新闻或最新事件等常用知识就可以满足要求，但以医学、金融、法律等专业性较强的领域为对象的服务体系的搭建往往需要全面的专业知识。另外，构建以个别企业为对象的服务体系，需要学习和掌握该企业所特有的知识储备和基于这些知识的业务模型，学习数据的三级分类如图 2-1-5 所示。

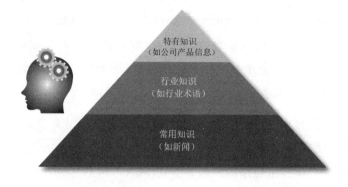

信息来源：野村综合研究所。

图 2-1-5　学习数据的三级分类

例如，在语音识别领域，首先，需要事先准备包含企业特有的商品或服务名称的学习数据；其次，商品或服务信息的整理并不是一次性完成的，日后很有可能会不断追加。为此，学习模型也应具备根据学习数据的更新而不断自主学习的功能。

最近，市场上开始出现一些专门辅助企业收集和构建特有的学习数据或学习流程的工具。例如，"IBM Watson Knowledge Studio"根据不同行业或领域的专业知识，帮助理解各领域专业术语的细微差别。另外，美国初创企业 Clarifai 向客户提供定制学习模型的服务，能够实现通过商品名称识别图片中的物体。未来，可利用这些工具或服务，进一步提高企业的 AI 开发效率。

专　栏

机器学习平台

在人工智能（AI）即将迎来第三次热潮之际，机器学习的业内关注度也在不断升高。

- **■** 为什么机器学习的关注度这么高？

机器学习的历史比较悠久，早在半个世纪以前就已经有人开始研究。例如，作为一种机器学习算法，在 20 世纪 60 年代就开发出了根据客户特征进行分组的"k-means"系统，20 世纪 90 年代则出现了挖掘数据关联规则的"Apriori 算法"。另外，支撑第三次 AI 热潮的深度学习的雏形最早出现于 20 世纪 50 年代。那么为什么如今对机器学习的关注度会如此高呢？其主要原因可归纳为以下三点。

第一点是以智能手机为代表的移动网络的普及和存储空间的大容量化、低价化进程不断推进，使轻松收集和保存大量文本、语音、图像等数据成为可能。而想要提高机器学习分析精准度，必须储备大量的学习数据。这些因素成为机器学习应用的推动力。

第二点是出现了一些机器学习技术的成功应用案例。2011 年，在美国智力竞赛节目"Jeopardy！"中，IBM 公司开发的认知计算系统 Watson 打败了当时的竞赛冠军。之后，2016 年，由 Google 研发的计算机围棋程序"AlphaGo"、电脑象棋程序"Ponanza"再次打败了专业选手。这些系统和程序均采用机器学习技术，并以简单易懂的形式向世人展现了自身的实力，从而成为机器学习备受关注的契机。

第三点是机器学习的技术和应用环境得以提升和完善。除了先后推出内存数据库（IMDB）、列式数据库、Hadoop、Spark 等快速处理大规模数据的高端技术，随着通用图形处理器[1]（Genearl-Purpose Computing on GPU，GPGPU）技术的出台，并列运算处理能力得到了显著提高。另外，R 或 Python 等编程语言中也增加了很多机器学习词库。

随着云计算的普及和不断发展，大型云服务供应商也相继加入该行列。在这里，主要对可简单应用机器学习技术的环境要素——"机器学习平台"进行介绍。

■ 机器学习平台

机器学习平台包括以下部分。

① 语音识别或图像识别等已经学习并以 API 形式提供的平台；

② 通过云平台，提供具有数据预测或分类功能的机器学习词库及工具；

③ 软件即服务（Software as a Service，SaaS）中整合机器学习功能的平台等。

由于不同的平台分类标准，还存在同时具有多个特征的复合平台，所以无法严密地区分，在这里只简单介绍上述 3 种不同平台的典型服务案例。

（1）Google 的机器学习平台"Cloud Machine Learning"。

Google 于 2016 年 3 月正式对外公布了以云为基础的机器学习平台"Cloud Machine Learning"。在该平台上，以 API 的形式提供应用于 Google 语音检索、图像分类、翻译等模块的学习模型。例如，利用图像识别 API（Cloud Vision API），可获取图片中的物体名称、脸部表情、旅游景点代表性建筑的名称或其经纬度信息等，如图 2-1-Z1 所示。另外，语音识别 API（Cloud Speech API）可以识别包括日语、英语在内的 80 多种语言，可把语音自动

---

1 指利用图像处理专用 GPU（Graphics Processing Unit）进行通用数值运算。当用 PC 进行数值运算时，通常使用 2～3 个核心 CPU，但 GPU 则装有可有效处理并列作业的数百个甚至数千个核心处理器。

转换成文本，或把文本转换成语音。

IBM、Microsoft、Amazon 也提供类似的机器学习 API，除此之外，基于这些 API 的第三方产品开发也在积极推进。例如，智能玩具制造商 Elemental Path 公司目前正利用 IBM 的 Watson API 系统，开发能与孩子对话并回答其问题的智力玩具"CogniToys"。该公司通过公众集资网站 Kickstarter 进行筹资并进行产品开发，其产品于 2016 年 5 月以单价 99.99 美元正式开始销售。

信息来源：利用 Cloud Vision API（https：//coud.google.com/vision）显示功能，由野村综合研究所编制。

图片提供：金泽市（Higashi 茶屋街）。

图 2-1-Z1 Google 公司的图形识别 API（Cloud Vision API）

（2）Microsoft 的机器学习分析平台"Azure Machine Learning"。

"Azure Machine Learning"（见图 2-1-Z2）是 Microsoft 公司在云平台上提供的一项服务，通过该项服务，即便缺乏机器学习相关专业知识的用户，也能轻松利用机器学习进行数据分析。在使用该项服务时，只需要在网站应用界面上进行拖放，就可以完成数据的输入输出、加工及机器学习算法的应用等操作。由于在该平台上还可使用 R 或 Python 等常用于数据分析的程序语言和机器学习词库（Sckikit-learn、Theano 等），因此分析模型的定制灵活度较高。

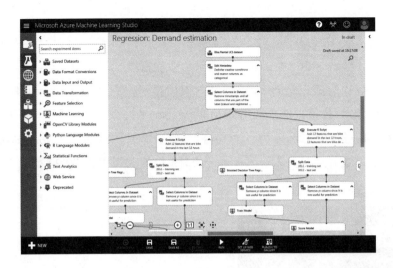

信息来源：https://gallery.cortanaintelligence.com/Experment/Regression-Demand-estimation-4。

图 2-1-Z2　Microsoft 的机器学习分析平台"Azure Machine Learning"

由于在此平台上建立的分析模型 REST API[1]对外开放，因此该平台具有便于与其他系统相连的特点。专门提供空调设备系统工程服务的高砂热学工业株式会社，利用"Azure Machine Learning"建立了"空调热负荷预测模型系统"。

（3）Adobe 的基于机器学习的智能服务"Adobe Sensei"。

为了提高公司现有云服务的功能，Adobe 公司于 2016 年 11 月发布了利用机器学习技术的智能服务"Adobe Sensei"[2]。Adobe 主要提供"Adobe Creative Cloud"（图像视频编辑）、"Adobe Document Cloud"（文档管理）、"Adobe Marketing Cloud"（数字营销）等云服务，在上述云服务中均可利用 Adobe Sensei 智能服务。例如，在 Adobe Creative Cloud 中新增了人脸识别液化工具，通过调整眼部、鼻子、嘴部、下颚等部位的位置或形状使面部表情发生变化，如图 2-1-Z3 所示。另外，Adobe Marketing Cloud 则在市场投

---

1 以 API 为主体的资源对应一个 URL，在该 URL 中编入 GET、POST、PUT、DELETE 等 HTTP Method。回复可以 XML 或 JSON 等形式收取。

2 "Sensei"的命名来自日语"先生"的发音。

资优化、具有相同兴趣爱好或特征的潜在客户分类及锁定目标中应用了 Adobe Sensei 服务。

■ 构建机器学习平台的主要课题

在公有云平台上提供机器学习平台时，需要把机器学习的输入信息上传到云平台中。由于在挖掘优质客户或预测销售额时需要将客户信息或销售数据作为输入数据上传到云平台，从保护个人隐私或商业秘密的角度考虑，还有很多企业仍有顾虑。另外，根据云数据中心所在地（国内还是国外）的不同，也会发生滞后问题（时间延迟）。针对这些问题，IBM、Microsoft、Oracle 公司开始提供可在 On-premise 环境下利用公有云平台服务的"On-precloud"。通过把机器学习功能逐步融入 On-precloud 系统，有望解决这些问题。

信息来源：https://helpx.adobe.com/jp/photoshop/how-to/face-aware-liquify.html。

图 2-1-Z3 人脸识别液化工具

另外，在识别精准度方面也存在问题。在金融或制造业等领域的公司业务管理系统中使用语音或图像识别功能时，还需要满足企业所属行业惯用的专业术语、商业用特殊产品等需求。但作为已完成学习过程的 API 产品提供的机器学习平台，对不常用的专业术语的语音或图像识别是有困难的。为此，IBM 公司提供的图像识别 API——Visual Recognition 开始提供用户可个别学习的定制功能。

预计未来，其他机器学习 API 也将掀起个别定制学习的广泛应用。

2.2 聊天机器人

作为全新的顾客接触点备受瞩目

- 摘要
  - 聊天机器人是代替人类自动进行交流的程序。
  - 目前，该产品备受瞩目的主要原因是，随着自然语言处理技术的不断发展，对话变得更加顺畅，且随着 LINE 等聊天工具的日益普及，大众对在线聊天的抵触心理越来越弱。
  - 聊天机器人分为"筛选型"和"探索型"两大类。
  - 为了改善对话功能，充分利用地理位置、时间、个人属性等相关信息是比较有效的。
  - 随着"多机器人化"进程的发展，未来的聊天机器人，向着为日常生活及工作提供全面支持的"个人代理"方向改进。
- 导航图
  - 2016—2018 年：启蒙阶段——面向聊天机器人的框架、服务及机器人 API 等纷纷登场；
  - 2019—2020 年：发展阶段——基于聊天机器人的各类服务不断涌现，与聊天平台的资源整合进一步加强；
  - 2021 年及以后：普及阶段——多机器人进程不断推进，聊天机器人之间相互协作并向"个人代理"方向迈进。
- 主要课题
  - 对话功能的进一步完善

聊天机器人是通过对话式界面，代替人类自动进行交流的程序。通过对话与用户进行沟通并回答问题，代替用户完成作业等。2016 年，Facebook 和 LINE 先后公布了借助聊天机器人的 "Facebook Messenger Platform" 和 "Messaging API" 服务，引起了业内的广泛关注。

但聊天机器人本身并不是一项新的技术。在第一次 AI 热潮期间，MIT（麻省理工学院）计算机专业的 Joseph Weizenbaum 教授研发出聊天机器人的雏形 "ELIZA"。ELIZA 模拟精神治疗中的交谈方式，通过文本交换的形式，由电脑 ELIZA 与患者进行对话。ELIZA 可借助用户输入的部分信息开展对话。虽然其结构比较简单，但据说有时会让人觉得像是在和真人交谈。

同时，在互联网黎明期风靡一时的信息服务 "IRC"（互联网中继聊天）也曾推出利用电脑进行类似人类对话的聊天机器人。但由于当时的自然语言处理技术并不成熟，所以很难真正像人类那样畅通无阻地交流，远没有达到应用于客户服务等日常业务活动的水平。

（1）聊天机器人备受瞩目的原因。

如今，聊天机器人备受关注的原因有以下两点。

第一点是自然语言处理技术的发展。面对第三次 AI 热潮，聊天机器人也积极采用最先进的 AI 技术，与以往相比，对话水平取得了飞跃性发展。

第二点是人们日常沟通方式的改变。自 2010 年左右开始，聊天服务遍地开花，堪称其代名词的 LINE 在日本国内已经拥有接近其总人口一半的注册用户。除了 Facebook Messenger 的月平均活跃用户已突破 10 亿人，在欧美国家，在 10～20 岁的年轻人之间流行的 "WhatsApp" 的注册用户数量也超过了 10 亿。加上在中国拥有大量市场份额的 "WeChat" 等，可以说，大部分智能手机用户已在日常生活中使用了某种聊天服务。

如图 2-2-1 所示是聊天服务在商务领域中应用的变化趋势。LINE 在 2010 年刚刚推出时，主要是作为提供产品信息或派发优惠券等的广告载体，处于企业单方面发布信息的"单向"应用阶段。

在 2015 年出现了新的转折。针对爆炸式扩张的沟通需求，越来越多的客户要求将聊天服务应用在和客户的联络方面，再次掀起了聊天机器人的应用研究。通过聊天机器人，企业和消费者可进行一对一交流，从而实现从商品推荐到最终购买的整个环节的"双向"交流。

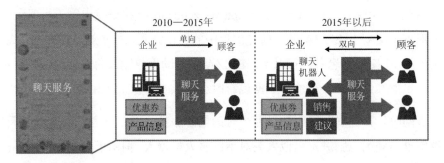

信息来源：野村综合研究所。

图 2-2-1　聊天服务在商务领域中应用的变化趋势

同时，聊天工具又开始作为企业内部的沟通工具而备受关注。其典型代表是总部设在美国旧金山的 Slack Technologies 公司提供的聊天工具"Slack"。Slack 自 2014 年 2 月起正式向普通消费者提供服务，截至 2015 年 10 月，其用户达到 100 万人，截至 2016 年 5 月，用户增加到 300 万人，呈现爆发式增长态势，如图 2-2-2 所示。

快速成长的 Slack Technologies 公司和 Uber 等一并被称为独角兽企业[1]，业内不断传出 Slack 被最大竞争对手 Microsoft 收购的消息。

---

1 具有 10 亿美元以上股票价值的未上市公司。

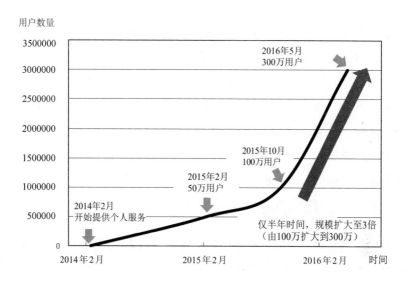

信息来源：根据 Slack Technologies 公司博客（https://slackhq.com）内容，由野村综合研究所编制而成。

图 2-2-2　Slack 用户数量变化趋势

Slack 同以往附带日程共享服务等的传统聊天工具完全不同。传统聊天工具只是服务核心功能的"附属品"，而 Slack 的核心功能就是聊天服务本身。

Slack 的主要特点是，从文本交换到日程调整可无缝使用 Google 等其他云服务，如可以对保存在外围服务平台中的数据进行横向检索或接收文件变更的通知。特别是对软件开发人员来说，与源代码管理服务器"GitHub"、文档管理网站"Google Drive"等外围服务平台的对接十分重要。

最初提供该项服务时，客户群体主要是 NASA 等系统工程类企业。之后，不断扩大的可接入服务范围、PC/智能手机等终端设备都能方便使用的用户界面、按聊天对象进行的安全管理等得到了好评，包括 TIMES、LUSH 等在内，从媒体公司到零售企业都开始使用 Slack，其应用范围不断扩大。

通过 Slack 软件，可以整合 Google 日历、Dropbox、GitHub 等其他工具，工作效率能够得到进一步提高。但日程调整等烦琐的工作仍然存在，解决这一难题的方法之一就是使用聊天机器人。Slack Technologies 公司很早就已经考虑到该问题，并于 2014 年公布了针对聊天机器人 API 的 "Real Time Messaging API" 解决方案。另外，近年来，一些企业试图从整合现有服务的平台中挖掘新服务，将其转变为扩大公司服务范围的平台。即使企业在 Slack 平台上开发新服务，聊天机器人的重要性也会越来越高。

（2）聊天机器人的主要应用案例。

面向普通消费者和面向企业用户的聊天机器人的应用场景完全不同。聊天机器人的主要应用案例如图 2-2-3 所示。

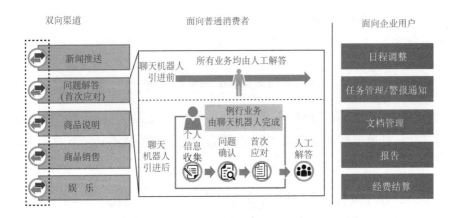

信息来源：野村综合研究所。

图 2-2-3　聊天机器人的主要应用案例

例如，向普通消费者提供新闻推送服务时，可按照用户指定的时间段发送该用户可能感兴趣的新闻，并根据用户的反馈来定制发送内容。另外，在客服行业中，除提供 24 小时服务外，还可以通过让机器人回答营业时间等简单问题来减少人工的工作量，降低经营成本。

与此相比，针对企业用户提供服务时，日程调整、任务管理、警报通知等例行作业由机器人完成，从而不断提高工作效率。

（3）聊天机器人的分类。

聊天机器人分为两种，一种是将用户逐步引导至事先定义好的解答清单的"筛选型"机器人，另一种是根据对话内容发现对方的个人喜好或目的的"探索型"机器，如图 2-2-4 所示。

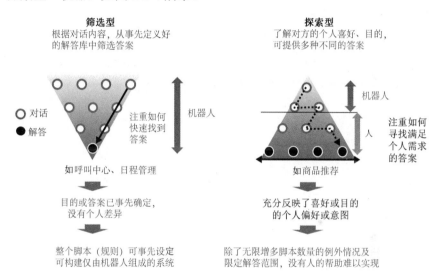

信息来源：野村综合研究所。

图 2-2-4　聊天机器人的分类

筛选型机器人的代表性应用场景是呼叫中心的客户咨询。在这种情况下，由于咨询内容在某种程度上可以设想，所以几乎所有客服中心都采用事先准备好的 Q&A 集或指导手册进行解答，答案不会因人而异。因此，利用目前的 AI 技术可构建实用性足够强的系统，效果也立竿见影。对筛选型机器人来说，重要的是如何从事先准备好的答案中快速找出对方想要的答案。

与此相比，利用探索型机器人，可以提供 VIP 服务，也就是通过和客户的对话了解客户的意图并提供服务。例如，针对顾客"想购买母亲节礼物"的问题，仅凭预算、对象年龄等信息，虽然也可以提出常规建议，但想要从大量的商品中精准地挑选出满足对方要求的具体商品并不容易。这就需要在交流的过程中了解对方的兴趣爱好、生活方式、以前买过的礼物等相关信息，否则很难找出最佳答案。

像这样基于个人喜好的问题，其答案不止一个，且很难事先定义整个对话的脚本。今后，有望实现无须事先设计脚本，只需根据对话记录、词典、手册等内容就可以进行顺畅的对话。但目前该技术尚处于研究阶段，而现阶段的成功模式是，首次接待或简单作业由机器人完成，摸索答案等复杂作业由人工完成，这种"混合式"服务是发挥机器人和人类各自优势的完美组合。

首先要判断聊天机器人的应用场景是筛选模式还是探索模式，才能决定是只构建机器人系统，还是采用人工协作的混合模式。

1. 应用案例

■ LOHACO：实现 24 小时客户服务的提供

为了实现网站的高度统一管理，从事日用品销售的 ASKUL 公司经营的电商网站"LOHACO"引进了"MANAMI 机器人"。MANAMI 机器人是一种处理 LOHACO 中相关咨询业务的聊天机器人，可提供与支付、配送等相关的咨询服务。MANAMI 机器人的服务界面如图 2-2-5 所示。

在引进聊天机器人之前，需要呼叫中心的接线员应对所有问题，所以受理时间限定为上午 9 点到下午 6 点。但约 40% 的顾客咨询是发生在受理时间之外的，24 小时服务成为一个亟待解决的问题。这时能够解决上述问题的聊天机器人开始受到关注，相关人员试图由聊天机器人代替接线员，提供 24 小时服务。2014 年 9 月，LOHACO 正式引进 MANAMI 机器人并不断改进。截至 2016 年 3 月，三分之一的顾客咨询由 MANAMI 机器人受理，其中，70%的顾客给予了"回答合理"的评价。

信息来源：https://lohaco.jp/support。

图 2-2-5　MANAMI 机器人的服务界面

■ 大和运输：利用 LINE 的再配送委托

大和运输的 LINE 公众号将聊天和聊天机器人进行结合，顾客利用 LINE 就能轻松确认配送情况或委托再次配送。该公司很早以前就开始经营具有同样功能的网站，但需要很多步骤才能到达目的页面，没有实现简单的操作。该公司在 LINE 公众号中提供了咨询菜单，并采用通过聊天进行咨询的机制，该公众号的相关界面如图 2-2-6 所示。

顾客首先根据菜单进行选择，然后开始聊天。在聊天过程中，由于聊天机器人能够及时确认顾客的各种信息，使顾客感觉就像在和呼叫中心的接线员通话一样，即使是第一次使用的顾客也很少感到不适。

当用户想委托再配送时，可在聊天记录里查看自己委托的内容和机器人发送的通知，无须花时间去检索以前的邮件或查找之前的记录。如果用户平常就用 LINE 和朋友或家人沟通，比起用邮件的方式，LINE 的通知可以大大减少由于顾客不及时确认而导致无人在家时通知单送达的情况。

从该项服务的功能本身来看，其与过去通过网站提供的服务没有本质区别。但与 LINE 结合后，通过聊天机器人就能进行交易，在提高便利性的同时，也有利于提升顾客体验。

信息来源：由野村综合研究所拍摄。

图 2-2-6　大和运输 LINE 公众号的相关页面

■ Operator：机器人和人相结合的零售服务

"Operator" 是由 Uber 联合创始人 Garrett Camp 等人共同推出的完全基于对话的购物应用平台。Uber 提供匹配拥有汽车的人和想使用汽车的人的中介服务，与此相比，Operator 提供匹配具有商品知识的专业买手和借用其智慧的消费者的中介服务。

由于 Operator 并不像 Amazon 那样拥有自己独立的电商网站，用户只能利用应用软件或 Facebook Messenger 平台。用户下单、订单支付、配送确认等例行作业由聊天机器人完成，推荐商品等复杂作业采用人工和机器人的混合服务模式来完成。Operator 的运营模式如图 2-2-7 所示（由于人参与应对，所以到最终商品推荐可能需要一些时间。）。

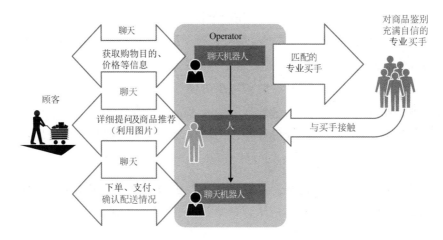

信息来源：野村综合研究所。

图 2-2-7　Operator 的运营模式

首先，用户选择自己感兴趣的商品类别。商品种类除了家具、室内装饰品、家电等商品，还包括婚礼等活动。然后，通过聊天工具，用户就可以像和朋友聊天一样说出自己想要的商品，如"我想买耳机"，那么，系统将会自动匹配有经验的买手，并通过聊天的方式向用户推荐商品。

为了找到符合用户需求的商品，刚开始时买手会推荐几款不同的商品，让用户从中挑选比较接近自己需求的商品，以此锁定用户的个人喜好。这就像在时尚精品店的商品中发现符合自己喜好的商品一样。在实体店中，因为与店员之间的距离、店内的混杂情况等，用户有时无法按照自己的节奏购物。但如果采用聊天的方式，用户就可以利用通勤或休息等零碎的时间来按照自己的节奏进行购物。另外，借助熟悉该领域的专业买手，可尽早找到自己满意的商品。

如前所述，Operator 平台中的例行作业由聊天机器人完成，高难度作业采用结合人工的混合模式，并不是所有作业都由聊天机器人来完成。其主要原因是自然语言处理技术仍然处于发展阶段。

按照目前的技术水平，在不事先确定谈话目的或场景的前提下，想要实现同人类一样的对话是不现实的。因此，聊天机器人和人结合的混合式服务成为目前的解决方案。和所有业务都由人来完成相比，只要能把部分业务交由聊天机器人来处理，就有可能实现小规模经营，降低运营成本。例如，配送确认业务由聊天机器人来处理会比人来完成更有效率。另外，在费用支付业务中，银行卡信息处理等存在伪造风险的业务，比起人工处理，让聊天机器人来处理更合适。

Uber 公司打算通过研发无人驾驶车辆，用 AI 系统代替驾驶人员，而在 Operator 服务中也会用 AI 系统来代替专业买手，但这都是多年以后的事了。

2. 相关技术概要

■ 聊天平台

若想开展利用聊天机器人的相关业务，就必须事先结合对话目的来选择对话"场所"，包括"Web 网站"、"智能手机应用软件"及"聊天专用平台"（如 LINE），如图 2-2-8 所示。

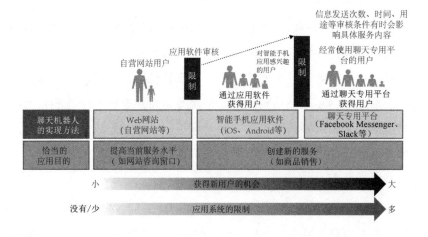

信息来源：野村综合研究所。

图 2-2-8　聊天机器人的实现方法

当运营商品销售网站的企业为提高当前服务水平而引进聊天机器人时，只需在网站上开设新页面即可。例如，设置"业务支持""咨询"等链接，创建新的聊天机器人专用页面。不需要咨询模板，通过和顾客在线聊天的方式及时解决问题，从而提高顾客满意度。

借助聊天功能建立新业务时，关键在于增加与潜在客户群之间的接触，也就是顾客接触点问题。这时，可利用智能手机应用软件和聊天专用平台来实现。

智能手机应用软件本身并不是新兴事物，其已经成为智能手机的标配，LINE 等聊天服务的存在感也不断增强。除了每天用 LINE 和家人或朋友进行交流，用户还可阅读新闻或广告等，应用软件的使用时间非常长。但若想采用聊天机器人系统，必须在平台中设置与输入/输出相对应的 API，并不是在任何地方都能使用。另外，就像智能手机应用软件那样，除了要通过平台的事先审核，还要满足很多详细的规定。

例如，为了减少以广告为目的的聊天信息，采取限制信息发送次数、禁止由聊天机器人发起对话等措施。

如果已经有了公司产品的介绍页面，并且建立了服务窗口的话，只需将其嵌入现有网站即可。但借助聊天机器人开展新业务时，从与潜在客户群接触和对话的亲和力等角度来看，聊天平台可以说是最佳选择。

■ 机器人 API

机器人 API 是指 LINE 等聊天平台针对聊天机器人提供的接口，聊天机器人从聊天平台中获取或输入信息，机器人 API 的概念图如图 2-2-9 所示。另外，有的平台还设置了 YES/NO 选项按钮等专用用户界面。这些功能是针对智能手机等屏幕大小受限而特别设定的。

机器人 API 只是与聊天平台的接口，其本身并不具有聊天机器人的对话功能。另外，聊天机器人的运营系统也是由开展相关业务的企业自行准备的。

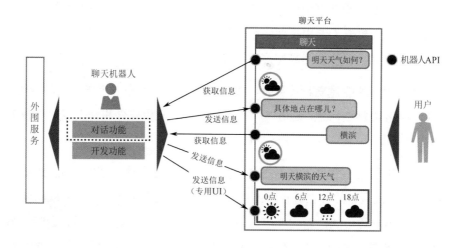

图 2-2-9　机器人 API 的概念图

■ 对话功能

对话功能是聊天机器人的核心功能，顾名思义，对话功能是与人进行对话的功能。这是利用人工智能领域的重要课题之一的自然语言处理技术开发的功能，也称为"对话系统"。

对话功能可分为天气咨询等为了特定目的而进行对话的"任务指向型"和无特定目的的"非任务指向型"。目前，商业领域的聊天机器人大多是任务指向型。

对话功能应用案例如图 2-2-10 所示。首先，系统对输入内容进行"含义解析"，按照概率从事先准备的多个脚本（规则）中选出最佳答案并展开对话。例如，一旦用户输入"明天天气如何？"，系统就会自动判断其目的为咨询天气。同时，从输入信息中获取时间、地点、固有名词等必要信息，当信息不充分时，还会根据需要进行反问。

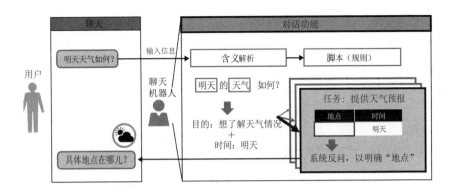

信息来源：野村综合研究所。

图 2-2-10　对话功能应用案例

即使输入文本中的术语或表达与事先定义的脚本不完全一致，目前的对话功能也可以借助同义词词典等工具在某种程度上随机应变地进行对话。但由于对话内容的多样性取决于事先设定的脚本，所以无法进行含有未定义内容的对话。目前，根据以往的对话记录，无须一一设定脚本也能进行对话的相关研究正在不断推进，但具体何时才能实现尚不能确定。

■ 对话开发工具

聊天机器人对话的多样性与脚本数量成正比。为了增加脚本数量，需要增加构思脚本的人员或提供一种能高效编写脚本的工具。开发人员、开发工具和脚本数量的关系示意如图 2-2-11 所示。

有较高知名度的大公司通常会聘用一大批脚本编写人员，每天不断增加新的脚本，但这类措施并不具有普适性。解决该问题的可行方案是使用专用开发工具。

其典型代表是 2015 年被 Facebook 收购的美国初创公司 wit.ai。wit.ai 以云服务的形式提供对话功能开发平台，尤其在自然语言处理领域，其具有独特优势。

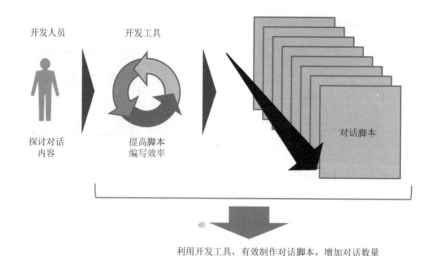

开发人员　　　　开发工具

探讨对话　　　　提高脚本　　　　　　　　　　对话脚本
　内容　　　　　编写效率

利用开发工具，有效制作对话脚本，增加对话数量

信息来源：野村综合研究所。

图 2-2-11　开发人员、开发工具和脚本数量的关系示意

具体来说，针对新定义的输入信息，该工具利用自然语言处理技术分析其与过去定义过的脚本之间的相似度，并借此找出备选答案。这样，无须人工一一定义与输入信息相对应的答案，只需利用补全功能就能有效地批量制作对话脚本。

■ 背景信息的利用

决定聊天机器人对话水平的关键因素是含义解析的准确度。在人与人之间的实际对话中，简短的输入信息往往会导致信息不充分，如仅凭一个"餐厅"，很难判断具体是要吃午餐还是吃晚餐。

当然，聊天机器人会根据需要进行反问以补全信息，但反问次数过多的话，会引起对方的反感。这时可以利用的就是地理位置、时间等背景信息，如图 2-2-12 所示。

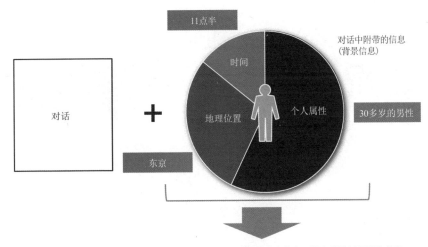

信息来源：野村综合研究所。

图 2-2-12　对话解析中背景信息的利用

背景信息包含对方的年龄、性别、兴趣爱好等个人属性，以及所处的地理位置、对话时的时间等信息。例如，即使只输入了"肚子饿了，请推荐一些餐厅"，如果当时是中午的话，就可根据用户所处的地理位置搜索附近提供午餐的餐厅。如果提前了解了对方的年龄、性别、个人喜好等相关信息的话，可提供更精准的建议。

■ 机器学习技术的应用

以筛选式聊天机器人为中心，为了提高含义解析的精准度，机器学习技术的应用会进一步加深。其发展主要基于将每日不断积累的对话日志作为学习数据来进行机器学习的方式。机器学习技术在聊天机器人中的应用如图 2-2-13 所示。

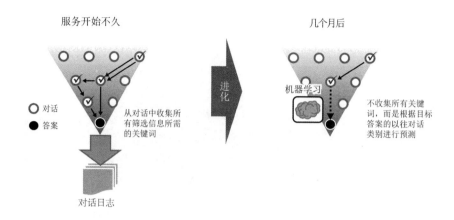

信息来源：野村综合研究所。

图 2-2-13　机器学习技术在聊天机器人中的应用

通过应用机器学习技术，即使没有收集到给出答案所需的所有关键词，只要提供特定关键词的组合就能得到预想的答案，这有望演变成预测对方意图的系统。

3. 导航图

今后，聊天机器人领域将不断发展，以便能够向用户提供更加便利的服务，其中起关键作用的是"多机器人"技术的发展。用户不必根据具体用途区分各类机器人，不同机器人之间会自发协作，无须用户指定，多机器人系统导入前后的对比如图 2-2-14 所示。

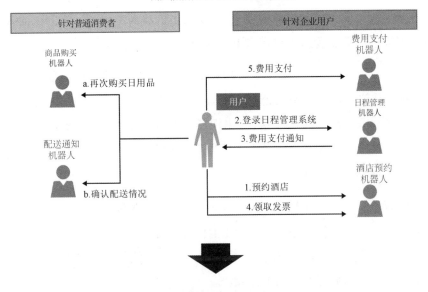

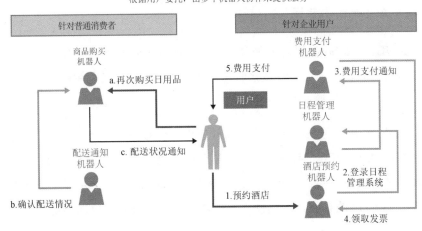

信息来源：野村综合研究所。

图 2-2-14　多机器人系统导入前后的对比

举例来说，有一个用户想通过聊天机器人购买某商品。如果没有多机器人系统，用户购买商品后，在确认物流、付款情况时，需要分别使用"物流确认机器人"和"付款确认机器人"。而在多机器人系统中，不同机器人之间无缝衔接，势必会给用户带来更多的便利。

今后，预计将以 Facebook 等聊天平台为中心，推进不同机器人之间的 API 标准化进程，以使不同企业的机器人更容易合作。2014 年，Slack 公司最早对外公开了机器人 API 接口，出现了以机器人之间的协同为前提的聊天机器人。虽然 API 标准化的最终实现尚需一定的时间，但这可以说是一个多机器人领域的萌芽案例。

随着多机器人系统技术的不断发展，专门从事服务开发的企业将把支付等共用功能外包给第三方，从而专注于自身特有功能的研发，可在短时间内建立高性能服务体系。如前所述，多机器人技术会给用户和开发人员带来较大的好处，可以期待其今后的发展。

■ 2016—2018 年：启蒙阶段——面向聊天机器人的框架、服务及机器人 API 等纷纷登场

LINE、Facebook 等聊天平台将向聊天机器人公开其 API 接口。首先，API 将成为向聊天平台传输或接收信息的接口。然后，当利用聊天机器人开发新服务时，包括按钮在内的用户界面等领域将不断发展。

另外，利用聊天机器人销售商品或提供支付服务等业务将由过去的聊天平台转向 API 接口。Microsoft 等供应商纷纷推出聊天机器人框架，使聊天机器人的开发变得更加容易。2018 年前后，"Azure Bot Service"等聊天机器人提供的 PaaS 的普及，使提供聊天机器人相关服务变得更加容易。

一些先进的企业认为，聊天机器人是新的顾客接触点，其中一些企业会开始推出基于聊天平台的机器人。同时，呼叫中心的咨询服务等可以事先预测答案的应用案例也会不断涌现。

但在结合个人兴趣爱好提供合理建议等应用领域，由于过高的期待和现实之间的差距，对聊天机器人的否定性意见有可能会增多。在这类应用领域中，将所有作业全权委托给聊天机器人的时机尚不成熟，简单作业交由机器人处理，结合个人喜好提出合理建议等高难度作业则由人工来完成，这样的混合式服务的效率较高。

为此，现有的 BPO（商务流程外包）供应商中也会出现提供混合式服务的企业。

■ 2019—2020 年：发展阶段——基于聊天机器人的各类服务不断涌现，与聊天平台的资源整合进一步加强

在聊天平台领域，随着对个人基本属性信息的利用，基于聊天机器人的各类服务将迎来全面发展。为了提高对话内容解析的准确度，充分利用地理位置、时间等背景信息的解决方案会得到进一步推广。

聊天机器人凭借可应对多个不同聊天平台的"混搭"模式日益普及，相关服务越来越多样化。通过聊天机器人之间的相互协作，提高服务水平的相关研究将得到进一步推进。以 Facebook 等聊天平台运营商为中心，聊天机器人之间的 API 标准化将被提上日程，机器人技术规范的信息共享平台也将投入建设。

■ 2021 年及以后：普及阶段——多机器人进程不断推进，聊天机器人之间相互协作并向"个人代理"方向迈进

随着聊天机器人之间的 API 标准化进程的推进，身边的终端设备及一些服务领域都会使用聊天机器人。随着多机器人技术的发展，不需要人根据目的来切换聊天机器人，聊天机器人之间会进行自主协作，日常服务会变得越来越高效。不久的将来，将出现个人专属的聊天机器人，提供从生活到工作的全套服务，向个人代理的方向发展。

聊天机器人导航图如图 2-2-15 所示。

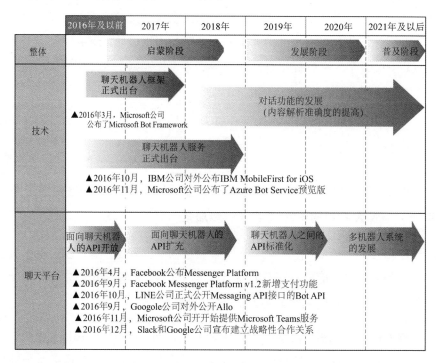

信息来源：野村综合研究所。

图 2-2-15 聊天机器人导航图

4. 实现目标所面临的主要课题

■ 对话功能的进一步完善

今后，为了进一步推广聊天机器人技术，不断完善对话功能是一个必不可少的环节。功能完善包括"内容解析功能的完善"和"维护功能的完善"两个方面。

在内容解析功能的完善方面，除了对话附带的背景信息，还应充分利用对话记录。在现阶段，很多对话功能都只使用了事先准备好的脚本，并没有利用之前的对话记录。

目前使用的大部分对话功能都基于事先准备好的脚本，不能脱离人为干预。例如，在公司产品咨询服务中引进聊天机器人时，每推出一个新产品就必须修改相关的脚本。现在很多企业只关注系统功能的初期安装，并没有真正意识到安装后日常维护管理的重要性。

上述问题的解决方案之一，是基于数据的对话功能的开发。从启蒙阶段到发展阶段的对话功能以既定脚本等规则为基础，把相关专业知识整理成便于使用的形式。但今后，像人类从书籍中获取知识并用语言进行表达一样，自行组合各类数据就可以完成对话，从而实现日常维护的自动化管理。只有这样，聊天机器人领域才能有望迎来真正的普及。

再来看看日本国内的情况，具有对话功能的一些产品也会面临"语言障碍"问题。特别是结合对话内容选择最佳脚本时使用的内容解析，必须按照不同现状、不同语言类别进行准备。因此，即使是在海外有良好发展前景的产品或服务，也无法在日本国内直接使用。聊天机器人若想进一步渗透日本国内市场，必须打破"语言障碍"。

物联网技术的发展——物联网平台的出现和全新开发流程

1　引领数字化行业的物联网

■　不断扩张的"物联网"

近年来，物联网（Internet of Things，IoT）产业备受瞩目。1999 年，Auto-ID 公司利用 RFID（射频识别）[1]标签进行特定物品管理，明确物品所在位置，首次提出了 IoT 的概念。如今，各种各样的物品都与互联网相连，从中收集数据并加以利用。

如今，支撑物联网产业的技术要素之一是以树莓派（Raspberry Pi）为代表的"单板计算机"和"车载微机"。单板计算机是在信用卡大小的基板上安装 CPU、USB 连接器及显示器等计算机功能部件，作为一个独立的超小型电脑运行。与之相比，车载微机是在人的食指大小的基板上配置连接感知器、控制连接设备等的微型电脑。

无论是单板计算机还是车载微机，如今都能以低价购买且其开发环境、硬件规格均以开放源代码的形式提供，即使是从事物品制作的个人（制造者），也能以低成本制作物联网设备。

如今，除了树莓派，市面上还有 Arduino、Intel 的 Edison 等形形色色的单板计算机和车载微机产品，而且均可低价获得。树莓派自 2012 年正式上

1　RFID（Radio Frequency Identification）是通过近距离（波段在几厘米到几米不等）无线通信技术，从嵌入 ID 信息的 RF 标签中读写相关数据的装置及技术的统称。

市以来，截至 2016 年 9 月，单板计算机"Raspberry Pi"累计销量已突破 1000 万台，如图 2-2-Z1 所示。

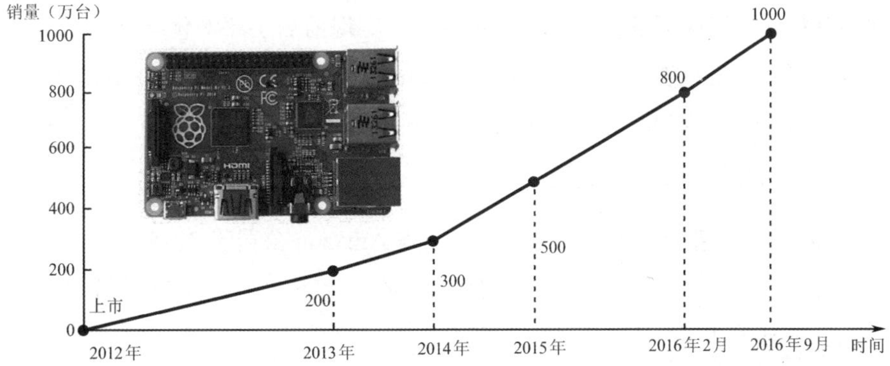

信息来源：由野村综合研究所根据 Raspberry Pi Foundation 公布的数据编制而成。
(https://www.raspberrypi.org/ blog/introducing-raspberry-pi-model-b-plus/)。

图 2-2-Z1　单板计算机"Raspberry Pi"的销量

单板计算机并不是单纯用于工业领域的产品，也不仅用于物联网领域。即便如此，非 IT 专业人士之所以也可组装感知装置，对可编程的设备如此感兴趣，从另一层面证明了感知数据的应用已渗透到我们日常生活中。

■　物联网带来的大量数字信息

随着物联网设备小型化、低价化进程的不断推进，其应用普及也不断加快，可收集和利用过去无法获得的现实世界中的"实物数据"。

这些变化将促进商务领域的"业务流程效率化"和"创造新价值创新流程"。

"业务流程效率化"的典型案例是德国政府主导的制造业高端战略"工业 4.0"。工业 4.0 战略在工厂的生产设备、生产线、零部件供应链等各环节设置感知装置并对收集的信息进行分析，通过整个生产流程的全自动优化手段，进一步增强德国国内制造业的竞争力。

在工业 4.0 战略中，涉及产品生产工序的各机器设备利用产生的传感数据相互协作，在保证各自正常运作的同时，实现前后工序的优化或自动化作业。过去各自独立的产品生命周期管理（Product Lifecycle Management，PLM）和制造执行系统（Manufacturing Execution System，MES）联动，实现整体共享数字信息的"智能工厂"。

"创造新价值创新流程"的典型案例是 Amazon 公司于 2016 年公布的通过在家电等产品中搭载传感器，替消费者自动下单购买消耗品等产品的"Amazon Dash Replenishment Service"。

例如，和 Amazon 公司合作共同提供上述服务的生产净水器的德国BRITA 公司，对产品使用情况（往净水器注入的水量）进行定时监控，一旦超出规定的使用量将自动下单来订购需要更换的滤芯。除此之外，洗衣机厂家、打印机生产商等也和 Amazon 合作并采用上述模式进行产品销售，除了产品本身，还滋生出提供配套洗衣粉或硒鼓等辅助产品的新服务。

综上所述，当物联网设备分布于所有领域，数字信息量将呈现爆发式增长态势。在智能工厂的生产车间，各类工业机器或工业机器人会实时生成设备运行状态的相关数据；由安装在居民家中的家电产品输出的传感数据，虽然单户的数据量不大，但随着物联网的不断发展，其数据量会变得非常庞大。在物联网时代，这些数据的应用将成为确保企业在数字化战略中保持竞争优势的有力武器。

2 物联网引发企业管理系统的大变革

■ "物品"融入企业管理系统

前所未有的大量传感装置与互联网相连并产生大量的数字信息，这将引起信息系统领域的大变革。这些变革同 IT 部门一直推进的企业管理系统大有不同。

例如，装在工厂里的无数个装置应如何与企业网络相连？过去，和网络相连的设备大多都是服务器、PC 和移动设备，从未考虑过庞大的"物品"。当工厂内的所有设备仪器与网络相连并传输数据时，企业必须准备好接收并应用这些信息的相应对策。

像 Amazon Dash Replenishment Service 这种用于住房内的装置，当消费者购买的商品定期发送产品的使用情况或消耗品的补充请求时，企业必须实时接收这些来自庞大的顾客（设备）群体的数据并及时处理。这需要采取有别于传统的 CRM 顾客管理系统的应对措施。

物联网对商务领域的两大影响如图 2-2-Z2 所示，和各种各样的终端设备相连，实时接收传感器数据，连接所有顾客的设备等，这些因素都必须融入企业管理系统。

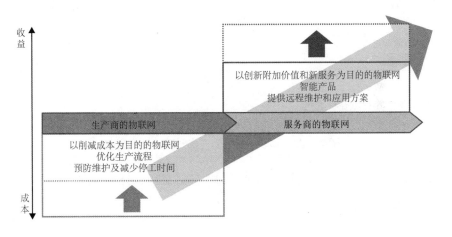

信息来源：野村综合研究所。

图 2-2-Z2　物联网对商务领域的两大影响

■ 物联网系统的构成要素

物联网系统的构成要素及相关技术如图 2-2-Z3 所示。其特点是互联网（数字）和物品（物理形态的事物）相融合，融合过程中涉及的物品种类和数据量更加庞大，利益相关者的数量有所增加。

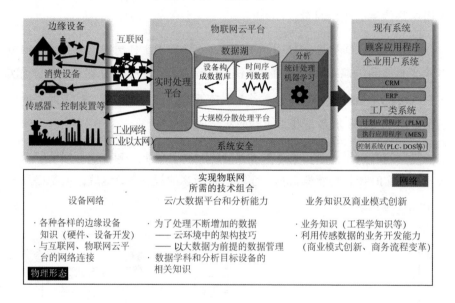

信息来源：野村综合研究所。

图 2-2-Z3 物联网系统的构成要素及相关技术

以下几个要素是传统信息系统部门不熟悉且需要特别注意的地方。

1）应对边缘设备

随着物联网设备的逐步应用，涉及的物品越来越多，需要加深对物理形态的事物的理解并积累开发经验。

为了提取传感器数据，必须开发在各种硬件设备上连接云的应用程序。但这些设备的运行环境和技术架构与嵌入式 OS 或工业用 OS 等常用 PC 和服务器不同，随着连接到云系统的设备种类的增多，需要开发适应各自运行环境的软件。

另外，大多数工业设备的通信是基于专用通信协议的。若想应对不同的通信协议，实现数据的统一化管理，还需要掌握工业设备的行业标准等。

2）大数据处理和分析

今后，物联网设备将持续增多，与网络相连的传感装置时时刻刻都在生成新的数据，这就是所谓的大数据的诞生。充分利用数字信息的关键在于应对激增的大数据。

在通常情况下，为了灵活应对不断增加的数据量，收集和存储物联网数据的系统一般建立在云平台中。其中，一些重要的系统会采用可应对无法预测的数据增量的分散型数据库。另外，传感器数据还包含很多监控摄像机拍摄的图像、设备构成信息等非结构化数据，需要准备可支持不同数据模板的数据存储设备。

同时，还需要具备从存储的大数据中提取有用信息的分析能力。只有善于从庞大的数据中发现设备故障征兆和优化运行效率的运行模式，才能说是有效运用了数字信息。

由于数字信息的分析过程往往充满探索性，需要借助数据分析专家——数据科学家。

但仅借助数据科学家的分析能力还远远不够。如前所述，物联网带来的数字信息代表了现实世界中的物品状态。为了明确特定传感器或设备所显示的数据的具体含义，还需要熟悉物品的结构或物理特性。

也就是说，如果缺乏与物品的设计或结构、动作相关的工程学知识及应用于现场的设备运营知识"OT"（Operational Technology），就不能有效利用物理数据。

3）业务知识和商业模式的创新

在利用物联网带来的数字信息时，面临的更复杂的难题包括以下几点。

如前所述，在数据分析过程中还需要掌握工程学知识及与 OT 等产品或业务、与现场密切相关的知识。另外，在数据分析之后的应用阶段，还需要将得到的预测结果反馈给现场管理系统。为此，还需要深入了解产品开发部门或生产管理部门的需求并相互协调。

另外，在推进物联网应用的过程中，还有可能面临"不清楚物联网能带来什么好处"等困难。造成这些困难的可能要素如下。

● 企业本身能够收集和利用哪些数字信息？

根据所处行业、业态的不同，企业利用的传感器或工业设备也有所不同。因此，首先要明确企业在所处的环境中能够获取什么样的数据及应如何利用这些数据。

● 从收集的数据（包括可能收集到的数据）中能够进行哪些预测？

对于那些过去从未接触的数据，如果不尝试对其进行分析的话，永远无法验证其应用价值。

● 难以预测分析结果对实际商业活动的价值。

由于无法事先知道可能得到的预测价值，所以也无法预测可能实现的商业价值。

想要获得物联网带来的商业价值，仅靠建立物与物之间的连接来进行数据的收集和分析是远远不够的。在进行物联网应用时，需要明确其目的是"提高营业额"还是"节约成本"。如果以提高营业额为主要目的，需要建立全新的商业模式；如果以节约成本为主要目的，则需要优化商务流程。即使有可能获得适当数据并从中获得有用价值，如果不进行商业流程的改革，也无法实现商业价值。有时除了对公司内部的业务流程进行改革，还需要重新审视与外部供应商或维护服务供应商之间的关系等，改善物流或业务流程。

■ 物联网平台的出现

如前所述，物联网的系统架构涉及多领域的不同技术，属于大型项目，从零开始建立的话，其难度是非常大的。

因此，一些 IT 供应商开始提供相关服务，主要供应方提供的物联网平台如表 2-2-Z1 所示。由于配套提供云和数据库，以及可与各种传感器设备相连（连接所需的传感器软件及网络解决方案）的功能，用户无须从零开始建立物联网系统。

表 2-2-Z1 主要供应方提供的物联网平台

供应方	物联网平台	说明
IBM	IBM Bluemix Watson IoT	2015 年 9 月，新设立物联网部门。2016 年 7 月，公布结合人工智能 Watson 的 Watson IoT
Microsoft	Azure IoT Cloud	2015 年 3 月，在 Azure 云平台上公布应对物联网设备的 PaaS 服务，并于 10 月开始正式提供该服务
Amazon	AWS IoT	2015 年 10 月，对外公布 AWS IoT
SAP	Hana Cloud for IoT	在传统的面向制造、后勤部门的物联网应用程序的基础上，2015 年 5 月，对外公布面向开发人员的开发环境
GE	Predix Cloud	2016 年 2 月，面向开发人员公开 GE 所有的工业设备用应用程序的云化系统——Predix
BOSCH	Bosch IoT Suite	由 BOSCH 公司提供的互联汽车、互联家庭等物联网平台于 2017 年正式对外公布

信息来源：由野村综合研究所根据各公司的公开资料整理而成。

值得一提的是，物联网平台供应方并不仅仅是 IT 供应商，GE、BOSCH 等传统硬件设备制造商也加入该行列。曾在 2012 年对外公布"工业以太网"概念的 GE 公司，在其飞机引擎、发电用涡轮机、医疗精密仪器等产品中嵌入传感器并与互联网相连，利用从中获得的数据实现与其他竞争对手的差异化发展。

从初期就参与德国政府工业 4.0 战略计划的汽车设备及电动工具生产商 BOSCH 公司，在设立于德国国内的数据中心建立了"Bosch IoT Cloud"平台，把过去只向公司内部和客户提供的物联网平台正式对外开放。

无论是 GE 还是 BOSCH，其本身并不是 IT 企业，这些企业都是为了在现有的硬件设备上加载应用软件，从而创造新的附加价值而建立了物联网平台。这部分企业不是从 IT 角度，而是作为一个硬件设备生产商参与其中，并逐渐扩充构建物联网平台所需的工程学知识、运营经验、业务知识等。这也是近几年发生的与物联网平台相关的重要变化。

3　实现物联网的新方法

■　在先进制造业中实现数字化战略的大变革

像 GE、BOSCH 这样的传统硬件设备制造商逐渐重视以软件为基础的市场竞争，并慢慢积累 IT 经验，这对于那些非 IT 企业在当今的物联网时代积极利用数字技术、数字信息具有重要参考意义。

自 2012 年正式提出"工业以太网"设想以来，GE 公司逐步加大在软件和 IT 工程领域的投入。2012 年，该公司软件部门（GE Software）约有 100 人，之后又继续招聘了一批软件工程师和数据专家。

2015 年，GE Software 改名为"GE Digital"并正式构建对整个 GE 的传感数据进行收集和分析公共平台"GE Predix"。 GE Digital 内部设置统筹管理整个集团数字化业务的首席数字官（Chief Digital Officer，CDO），负责各业务模块的业务担当——数字官（Digital Officer，DO）利用 Predix 平台开展数字化业务并向 CDO 汇报进展情况。

GE 数字化业务部门——GE Digital 的组织结构如图 2-2-Z4 所示。

GE Digital 向各业务部门提供公共平台 Predix 和数据专家的分析，以支援其数字化作业；与各业务部门共同开展基于传感数据和与之对应的分析技术的业务创新活动。

借助物联网技术开发新服务属于"设计思维"范畴。组织一些利益相关者开展研讨会和课题分析，同时推进原型开发等，其性质和传统 IT 项目大有不同。

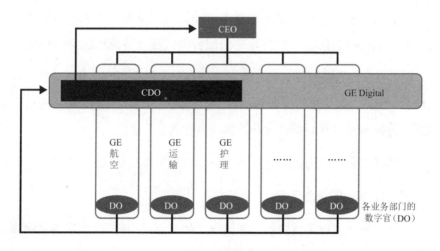

信息来源：由野村综合研究所根据公开资料整理编制。

图 2-2-Z4　GE 数字化业务部门——GE Digital 的组织结构

■　基于设计思维的探索型物联网系统架构

设计思维是重视用户需求，为了实现相应技术的可行性和商务价值的有机整合，不断重复制作原型及测试和改善过程，以此摸索商业化的一种思维逻辑。与以解决问题为目的的思维逻辑方法不同，设计思维更适用于新业务构思、服务研发等领域。

物联网的实现非常接近设计思维。实际上，不仅 GE 公司，SAP、PTC、日本国内的 KDDI、Nifty 的物联网设计中心等均采用了设计思维。

构建物联网系统时采用的设计思维主要包括以下几个步骤。

（1）组织利益相关者（IT、业务、管理层）开展研讨会，共同讨论在实现最终商业目标的过程中有待解决的问题、设定的主题和假设条件。关键在于暂时不考虑各部门的业务职责，全员共同探讨公司业务的理想状态。

（2）进行数据分析、原型设计，测试并验证步骤（1）中设定的假设条件是否具有价值、在技术层面上是否可行。具体来看，应不断重复进行数据分析，利用得到的分析结果设定新服务模式或业务流程的商业价值。

（3）当在数据获取或分析方面需要外部专家的支援时，也邀请他们参与研讨会。例如，如果不知道如何从设备中有效提取必要数据，可以邀请设备供应商的技术专家参与研讨会并提供技术经验。

在物联网系统的构建阶段，如何快速有效地推进这些流程至关重要。

■ IT 部门的观念转变

这一内容涉及设定这些场景和流程及如何运行的问题。主导物联网项目的除了 IT 部门，也有可能是业务部门，有时也会由新业务筹备组织来主导。

一般来说，对云环境搭建、数据湖构建、数据管理、应用程序建立等业务比较熟悉的还是 IT 部门，这些业务是构建物联网系统的重要内容。因此，由 IT 部门主导物联网项目的情况比较多。

和过去的 IT 项目不同，现在的项目要求 IT 部门转变一些基本观念。具体来说，物联网项目是探索型项目，合作伙伴之间的关系与之前相比会有很大变化。

之所以说物联网项目是探索型项目，首先，它的目标不是很明确，可利用的传感器或数据类型多种多样，根据所属部门或立场不同，其关注的重点对象或优先顺序也会发生变化。其次，相关人员共同讨论并明确物联网项目的重点对象、需要连接的目标设备时，如果不事先统一认识，容易陷入部分优化或利益相关者对最终目标的认识存在偏差，致使研究方向不明确的局面。在数据分析和测试阶段，不一定能得到想要的结果。最后，由于某种原因，当追加的传感器或设备的数据性质发生变化时，需要对这些变化进行解释并提供后续服务。所以，上述步骤并不是一次性完成的，需要重复多次。

为了尽可能减少探索过程中的不确定因素，在推进物联网项目的过程中，建议重复进行小规模概念验证。对于这类项目，敏捷开发、精益创业等方式比较适合，但如果 IT 部门对这些领域不熟悉的话，需要转换开发思路。

同时还需要对合作伙伴的关系进行相应处理。由于物联网涉及设备、网络、平台、数据等多个要素，很多时候仅靠单个部门、组织或企业的经验和技能是无法实现的，应当充分利用传感器或设备专业供应商、外部数据分析专家的经验。但该过程也受物联网项目"探索型"特征的影响。在项目启动时无法设定明确的关键绩效指标（KPI），对于能否取得期待效果，外部专家往往会给出"不试试看不知道"等模棱两可的回复。

因此，与外部合作伙伴之间的关系也会发生相应变化，不再是先确定要求再委托业务的模式，而是要求合作伙伴也加入概念验证（Proof of Concept，PoC）过程并共同解决问题的全新合作关系。

根据具体情况，还需要公开招标具有公司本身不具备的经验的第三方企业等，需要探索和建立以开放式创新理念为前提的合作伙伴关系。GE 公司曾为了获得所属领域的大数据分析技术，对外公开公司拥有的航空引擎、护理设备的相关数据，公开招标能够实现设备最佳运行状态的算法。

在物联网实现过程中，要求具备设计思维、敏捷开发、与合作伙伴共同开展小规模概念验证等思维和能力，这对 IT 部门来说也是一种全新的挑战。但在数字时代，行业大数据的充分利用、互联网和事物相融合是不可改变的发展趋势，物联网项目的实现方法如图 2-2-Z5 所示。

为了应对这些新变化，无论是公司内部还是外部，关键在于召集一批具有专业知识和技能的专业人才，加快假设验证流程。与其说是建立 IT 系统，不如说是建立一种全新的创新流程。紧随物联网发展步伐，是一个 IT 部门在数字时代快速融入创新流程的垫脚石，应抓住改变组织机构能力和发展目标的绝佳时机并积极利用物联网。

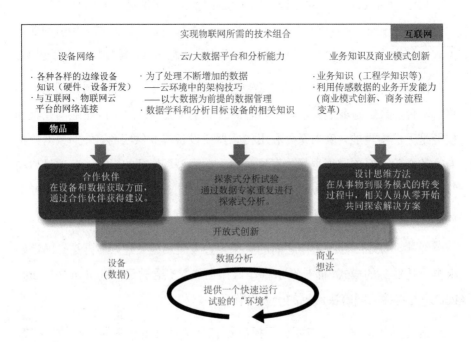

信息来源：野村综合研究所。

图 2-2-Z5 物联网项目的实现方法

2.3 虚拟现实（VR）和增强现实（AR）

设备不断进化、平台之间的共享使市场进一步扩大

- 摘要
  - 2016 年被称为"VR 元年"，市场上对虚拟现实（Virtual Reality，VR）领域的关注度非常高。普通消费者也能亲身体验以 PlayStation VR（PSVR）为代表的具有高分辨率的虚拟现实设备。
  - 增强现实（Augmented Reality，AR）技术也得到了进一步发展。市面上开始出现利用高效率的图像识别技术，测量现实世界中的物体大小或距离的 AR 产品。
  - 在汽车、房地产等高价商品销售现场，人们已经开始利用 VR 技术体验商品，试图借助 VR/AR 技术对过去展示厅的部分顾客接触功能进行变革。
  - 虽然 VR/AR 设备的市场普及才刚刚起步，但 Intel、Microsoft 等一些跨国制造商和 IT 供应商已经开始积极推进平台共享化进程，市场规模势必进一步扩大。
  - 手势界面或内容制作环境等也逐渐改进，将进一步推动 VR/AR 产品的发展。
- 导航图
  - 2017—2018 年：VR 元年向 VR/AR 普及期的转变；
  - 2019—2020 年：VR 内容的进一步丰富及 AR 技术在工业领域的应用；
  - 2021 年及以后：VR/AR 的融合，以及 MR 技术的实现。
- 主要课题
  - 对处于成长阶段的儿童的视觉神经的影响，以及长时间使用时对身体的负面影响

2016 年被称为"VR 元年",市场关注聚焦于 VR 领域。

VR 产品供应商 Oculus 公司于 2016 年 3 月正式向市场投入新产品——VR 头戴式显示设备"Oculus Rift"。同年 10 月,索尼娱乐公司开始面向普通游戏爱好者销售游戏机"PlayStation 4"的周边设备——VR 头戴式显示设备"PlayStation VR"。在正式上市之前,在日本各地的家电专卖店等特设体验专区,普通消费者也有机会体验真实产品。

借此,过去由于需要配套使用昂贵的专用器材,所以局限于研究机构或医疗、军用等应用领域的 VR 产品,也开始慢慢走进普通消费者的日常生活当中。

(1)什么是 VR。

VR 是指借助计算机图形学原理(CG),使人类体验虚拟世界的计算机仿真系统。

通用的 VR 头戴式显示设备的基本结构如图 2-3-1 所示。在一般情况下,人类的水平视角范围在 120 度左右,该范围被称为"视界"(Field Of View,FOV)。VR 头戴式显示设备在原有的基础上显示用 CG 描绘的光景,当视角超过 100 度时,会使人觉得仿佛置身于光景之中。这种感觉表现为"沉浸感"并给人带来高度真实感,从而使人产生不是在看眼前的"景象",而是身处其中的错觉。

VR 本身并不是新兴产物,但在此之前需要配备非常大的显示器或投射 CG 图像专用的房间才能实现。而目前备受瞩目的 VR 设备采用内置小型显示器的箱式头戴式显示设备,普通消费者在家等场所也能轻松使用。

其原动力是智能手机、PC、专用游戏机性能的不断提高。如今,智能手机的显示屏分辨率逐年提高。例如,iPhone 4 以后的 iPhone 系列产品中载有人类视网膜都难以区分的高分辨率"Retina 显示屏",4～6 英寸的显示屏也能呈现超精细的图像。随着智能手机的日益普及，这些高分辨率的小型显示设备以低价大批量供应，逐步应用于 VR 头戴式显示设备领域[1]。

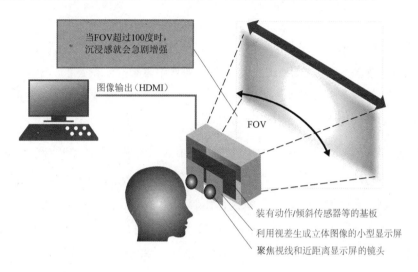

信息来源：野村综合研究所。

图 2-3-1 通用的 VR 头戴式显示设备的基本结构

另外，为了生成真实感较强的 VR 图像，可生成高精细度图像的计算机图形功能也是必不可少的。具有 3D 绘画功能的 VR 头戴式设备向左眼和右眼传递具有视差的图像，通过透镜观察并不断校正图像，时刻进行图像处理。因此，要求进行图像处理的计算机 GPU 基板具有高性能。

如今，绘图板的性能已大幅提高，像 PlayStation 4 Pro 甚至实现了在 4K 像素下可运行的游戏。

如今普通消费者也能拥有VR头戴式设备的主要原因是智能手机的高分辨率小型显示屏在 VR 设备中的应用，这些显示屏实现了远低于以往价格的

---

1 大多数 VR 头戴式显示设备装有两个可用于智能手机的显示屏，头戴式显示设备的市场价格也降低至智能手机的两倍左右。

生产和销售，PC、专用游戏机的 GPU 图像处理性能大幅提高。

（2）什么是 AR。

在 VR 技术不断发展的同时，AR 技术也在不断进化。与视界完全被遮蔽的 VR 技术不同，AR 利用在使用者的视界中重叠显示信息的方式"增强"现实。与重视"虚拟世界"的 VR 相比，AR 更重视"现实世界"，其重点是支持使用者在现实世界中的行动或认知。

采用 AR 技术的设备或应用程序以前也有。例如，智能手机的 AR 应用程序利用智能手机的相机读取 QR 码（二维码）等标记，可在判断相机所拍摄的内容、身处的具体场景和看到的内容之后显示信息。另外，AR 设备的代表案例之一是 Google 公司在 2013—2015 年面向开发人员销售的"Google 眼镜"。Google 眼镜可在视线的一角显示邮件、股价、天气等简单信息。

另外，未来的 AR 设备，即使人类不主动让设备确认标记，其也能通过传感器和图像识别技术高度精准地自动识别现实世界。

例如，采用 Google 的 AR 技术"Project Tango"的平板手机"Lenovo PHAB2 Pro"[1]搭载 3 种不同类型的 4 台相机，能比普通智能手机更精准地识别外界环境。这 4 台相机的其中 1 台是普通相机，另外 3 台分别是深度相机和动作追踪相机，如图 2-3-2 所示。由立体镜头组成的深度相机可测量与周边物体之间的实际距离，而动作追踪相机可检测相关设备在现实世界中的移动路线。

---

1 超大智能手机，其屏幕大小在平板终端设备和智能手机之间。

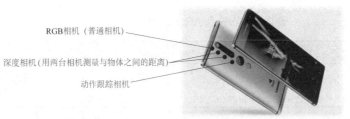

RGB相机（普通相机）

深度相机（用两台相机测量与物体之间的距离）

动作跟踪相机

https://get.google.com/tango/

实现功能
- 深度感知（Depth Perception）
  利用深度传感器，探测与周边物体之间的距离或物体的实际大小。
- 动作跟踪
  利用深度相机和动作跟踪相机、以及加速度传感器和陀螺传感器，探测终端（用户）状态。
- 区域学习
  记录和学习周边构造物或环境状态。

信息来源：https://www.youtube.com/watch?v=Qe10ExwzCqk。

图 2-3-2　采用 Google 的 AR 技术"Project Tango"的平板手机"Lennove PHAB2 Pro"

由此，不断发展的 AR 设备不依赖 QR 码等特定标记也能测量现实世界中的物体大小或距离，实现根据现实世界追加相关信息的功能。

例如，识别建筑物结构并实施室内导航，在明确地面或墙壁分布情况的基础上，将想要的家具安放在屋子里，可实现高度真实感的体验。

（3）VR 和 AR 的区别。

VR 设备和 AR 设备都是创造全新视觉体验的应用设备，其外观形状有些相似，导致经常被混淆，但两者的功能和用途是不同的。

VR 是在遮挡视线的空间范围内投射真实感较强的虚拟图像。利用 VR 技术，用户可以体验"从未去过的地方或从未看到过的场面"等在现实生活中无法做到的事情。其可应用于游戏或旅游模拟体验及伴随现场感的教育、产品演示等领域。

VA 和 AR 的区别如表 2-3-1 所示。

表 2-3-1　VR 和 AR 的区别

技术	VR	AR
方式	视线被遮住 （只能看见头戴式设备内的 CG 图像）	利用透过式显示屏，可看见前方的 现实世界
可视物	计算机创造出来的虚拟空间	现实世界 + 计算机提供的辅助信息
用途或目的	虚拟体验 虚拟内容消费 （媒体、娱乐、教育）	基于信息的现实世界的增强 支持与现实世界的互动 （作业辅助、生产效率提高）
技术进步的 驱动程序	显示屏的小型化和高精细化 图像处理技术	识别环境的传感器 图像识别技术

信息来源：野村综合研究所。

　　AR 设备通过头戴式显示器或智能手机的相机看到现实世界。AR 的计算机图形功能主要给现实世界增添附加信息或现实世界中本来没有的一些效果。为此，AR 设备有望在工厂或医疗现场等作业场所中应用，通过在作业的同时确认手册或参照指示内容，提高生产效率。

1. 应用案例

■ 率先应用 VR 技术的汽车及房地产行业

　　在汽车或房地产销售现场开始出现利用 VR 设备让目标客户亲身体验公司产品的新动向。过去由展示厅提供的顾客接触功能，通过 VR 设备可给客户带来更深刻的产品体验，即使不去实体店，客户也能拥有非常真实的模拟体验。

　　德国汽车制造商奥迪公司在家电产品博览会"CES2016"上，正式宣布在展示厅使用 VR 设备"Audi VR Experience"。用户可通过佩戴由 HTC 公司制造的 VR 头戴式显示器"HTC Vive"，在虚拟空间中确认汽车外观或内饰，不仅能体验奥迪所有车型，还可以随意变换颜色。

奥迪公司展示厅中的 VR 体验场景如图 2-3-3 所示。

信息来源：Audi 公司 CES2016 专用网站（https://audi-illustrated.com/en/ces-2016）。

图 2-3-3　奥迪公司展示厅中的 VR 体验场景

"HTC Vive"通过外部传感器持续追踪头戴式显示器的动作，由此实现虚拟空间中用户的动作或姿势的"Room scale VR"。因此，用户并不是从指定角度进行体验，而是在虚拟世界里，在汽车周围边走动边从自己喜欢的方向确认产品设计，可自由地体验。奥迪公司从 2016 年下半年开始在全球主要城市使用该系统。

像汽车这样的大型商品，无法将所有颜色或型号的产品陈列在店内。但如果利用 VR 设备，通过虚拟模式提供尽可能接近现实的体验，就能够有效影响消费者的最终决定。

在房地产领域已有企业开始利用专用 VR 设备的"虚拟展示"功能来支持房地产的销售活动。运营房地产和住房信息网站"HOME'S"的株式会社 NEXT 于 2014 年 11 月在位于新宿的 Tower 公寓的样板间里，引进了采用

Oculus Rift 技术的虚拟展示系统。

在房地产领域利用 VR 设备进行虚拟体验的好处是可进行各种各样的演示。可随意改变家具的位置、室内装饰的配置，体验从公寓的高层和中低层向外眺望时的不同感受、早晚日照变化情况等，可模拟条件改变时的不同场景。

虽然不够专业，但也有一些企业开始积极尝试让尽可能多的人轻松体验虚拟展示技术。2015 年 9 月，Recruit 公司在免费发放的房地产信息杂志《SUUMO 新建公寓（首都圈版）》上另附"SUUMO Scope"，智能手机的应用软件和"SUUMO Scope"相结合，就能看到 3D 的公寓内部景象，可更加便利地获取接近现实的房屋信息。

通常，制作产品的 VR 模型或三维示意图往往需要花费很多时间和金钱成本。像汽车或房屋等价格较高的商品，即便专门投入资金制作促销工具，也能够收回成本。这也是汽车或房地产领域能够较早采用 VR 技术的重要原因，因此 VR 技术并不是在所有领域都适用的。但作为新兴的产品宣传方式或用于提供接近实体店的购物体验的工具等，下面这些应用案例对如何应用 VR 技术具有一定参考价值。

■ 利用 AR 技术的电子商务

在电子商务领域，能够捕捉现实世界的 AR 设备带来了新的可能性。Google 公司在推出面向普通消费者的搭载该公司 AR 技术"Tango"的智能手机"Lenovo PHAB 2 Pro"时，与 Lowe's、Wayfare 等美国多家电商网站合作，共同开发了充分发挥 AR 特点的应用软件。

专门销售房屋翻新用品及家电商品的连锁店 Lowe's，于 2016 年 10 月对外公开利用 AR 设备提前确认具体商品在自己房间放置的景象的应用程序。

例如，只要把装有 Tango 技术的专用设备对准拟放家具的目标空间，就能自动测量目标空间的宽度或高度等。用户从商品目录中挑选家具商品并在终端设备上进行虚拟配置，就会显示结合实际尺寸的虚拟家具模型，用户就可事先确认该家具能否放在指定位置。另外，Tango 技术还可以识别目标空间中的墙壁和地面等，家具会紧贴地面或墙壁放置，具有很强的真实感。

美国的家具电商网站 Wayfare 也针对支持 Tango 技术的设备提供类似的应用程序"Wayfare View"。用户不仅可以确认家具能否按照预期放到指定位置，还可以通过应用程序直接购买家具。

之前，宜家等知名家具制造商也提供能够演示家具配置的 AR 应用程序。但过去在利用 AR 技术时，在智能手机上显示的模型和实物之间存在误差，或出现家具悬浮于地面之上等不自然的现象。利用 Tango 这种能够识别现实世界的 AR 技术，通过深度传感器或图像识别技术自动把现实世界中的空间和虚拟商品的显示调整至最佳状态，能够实现从未有过的真实感，如图 2-3-4 所示。

Google的应用程序"Measure"
测量实物的尺寸

家具配置应用程序"Lowe's Vision"
打造科幻家装体验

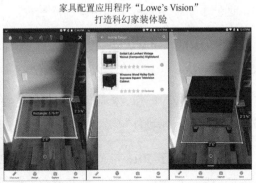

信息来源：左图：https://get. google. com/tango/apps；右图：https:// play.google.com/store/apps/details? id=com.lowes.vision。

图 2-3-4　基于 Google 公司 Tango 技术的 AR 应用程序实例

除家具外，在服装网络营销等需要事先确认商品尺寸的流通领域，AR 技术的应用也会进一步扩展。

2. 导航图

不断接近和融入我们日常生活的 VR 和 AR 技术，虽然已经开始被普通消费者所熟悉，但这只是向普及化迈出的第一步而已。若想实现真正的普及应用，除了显示技术和设备的不断进化，还必须等待相关技术的发展及更出色的应用程序（杀手级应用程序）的出台。

下面介绍在推进 VR 和 AR 技术的过程中，能够发挥重要作用的几项技术的发展趋势。

■ 显示设备的不断进化和扩大

在 VR 和 AR 的实现过程中，作为全新显示技术的头戴式设备的普及化是必不可少的。目前，Oculus 等创新企业及索尼、三星、Microsoft、Google 等知名高新技术企业纷纷面向全球推出引发新一轮热潮的新兴产品，但其流通量远低于智能手机或平板电脑的流通量。

因此，头戴式设备仍处于价格高（由于各公司独立开发，导致成本剧增）、尺寸偏大的状态，并且在长时间持续穿戴方面仍有改进的余地。

未来，支撑 VR 和 AR 应用领域的软、硬件有可能作为通用零部件予以提供，从而进一步推动更多厂商的加入和技术的进步。

例如，Intel 于 2016 年公布的 VR 设备"Project Alloy"装有制作 VR 图像的处理器、显示设备驱动电池等所有功能部件。该设备可独立运行，无须连接具有高性能图像处理功能的外部 PC，用户只要把它戴在头部即可。另外，还配有三台可感应与外界物体之间的距离的摄像机"Realsense"，可检测用户的动作。

具有代表性的 VR/AR 设备如图 2-3-5 所示。

英特尔公司的VR设备
"Project Alloy"

Microsoft公司的HoloLens和OEM厂商的
AR(MR)设备

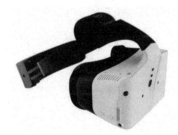

信息来源：左图：https://newsroom.intel.com/press-kits/project-alloy/；右图：https://blogs.
windows.com/japan/2016/12/09/device-innnovation-opportunities-mixed-reality-gaming-
cullular-pcs/#EckoEwvOBmBp10Bf.97。

图 2-3-5　具有代表性的 VR/AR 设备

Microsoft 于 2016 年 6 月公布将该公司基于 HoloLens 技术实现的用户界面、显示及输入方法等技术体系以"Windows Holographic 平台"的形式向合作企业公开，并在同年 11 月的硬件开发人员讨论会中进行了说明。其现已经和 HP、DELL、ASUS、Lenovo 等电脑生产商开展合作，2017 年以后，多个供应商陆续推出采用该技术的相关产品。

Microsoft 的 Windows Holographic 平台不仅要实现 AR 设备的 OEM 供应模式，还制定了试图改变电脑使用场合或用户界面等目标。具体来说，之后的 Windows 系统将支持头戴式显示设备，试图提供通用的全息用户界面。另外，还将虚拟现实和现实世界紧密连接的混合现实（Mixed Reality，MR）作为下一个目标，该公司日后推出的 OS 系统和标准用户界面将采用该项技术，日后有望得以普及。

■ 触摸/手势界面的出现

大多数人在使用 VR 和 AR 产品的过程中，当眼前出现比较真实的虚拟物体时，就会不知不觉地产生"触碰"它的冲动。虽然现阶段可以使人真实地感受到虚拟显示的物体，但在"触摸""转动"物体等方面还有待改进。例如，Oculus Rift 配套安装专用游戏终端设备 Microsoft Xbox One 的游戏摇杆（控制器），在虚拟现实空间中移动视线进行操控，只需把脸朝向目标方向或回头就能环顾 360 度的虚拟空间，当事人不会意识到"正在操作中"。但是，若想在虚拟世界中抓住或移动物体，就必须按摇杆上的按钮或操控十字形遥控器，会让人感到不自然。

也就是说，VR/AR 技术虽然在"显示"虚拟信息方面是非常自然的，但其"输入"模式仍处于停滞不前的状态。未来，若想进一步发挥 VR/AR 技术的优势，相关输入设备也要同步进化。

驱动虚拟空间中的物体的最自然的方法就是手势操控。当用户把手伸向用 CG 描绘的物体时，该动作自动反映到虚拟空间中并让用户抓住物体是最理想的。目前，市面上已开始出现具有"手势操控"功能的一些产品。

Oculus 公司从 2016 年 12 月开始正式对外提供手势操控设备"Oculus Touch"，如图 2-3-6 所示。Oculus Touch 通过包手形状的仪器捕捉手腕的倾斜度和位置，并将手腕的位置、是否握住物体等状态信息反馈给虚拟空间。通过将这些仪器和 VR 头戴式设备配套使用，能够实现更自然的虚拟现实体验，其魅力也将进一步提高。

除了 Oculus Touch 采用的方式，还可利用摄像机和图像识别技术来实现手势操控。

如图 2-3-7 所示是利用红外摄像机捕捉手腕动作的 Leap Motion。Leap Motion 利用搭载的两台红外摄像机捕捉手腕的动作。该产品在虚拟现实领域中广为应用，将其安装在 VR 头戴式设备的前方，可以捕捉向前伸的手部动作。

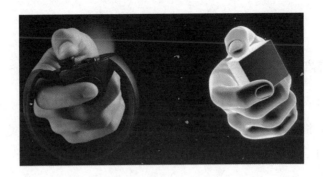

信息来源：https://www3.oculus.com/en-us/rift/。

图 2-3-6　手势操控设备"Oculus Touch"

信息来源：左图：https://www.leapmotion.com/product/desktop/；中间图和右图：
https://developer. leapmotion.com/orion#105。

图 2-3-7　利用红外摄像机捕捉手腕动作的 Leap Motion

　　该产品的最大优势是将红外摄像机捕捉到的手腕图像和骨骼模型相结合，甚至连手指动作也能精细地在监控器上予以再现。如果能够实现不在手腕处佩戴任何仪器，只需通过图像识别技术捕捉细微的手腕或手指动作就能操控显示在 VR 或 AR 仪器中的目标的话，就有可能实现更自然的操控，将进一步提高体验质量。

■ 内容制作环境和网络传输的发展

为了进一步普及 VR/AR 技术，除了要促进装备技术的发展，还应增加更具有魅力和内涵的内容。在 VR 设备的起步阶段，其内容种类不会很多，大多数是由三维游戏演变而来的娱乐类内容。

由三维游戏演变而来的内容，由于其制作费用高、数据多等，能享受该内容的时间或数量是有限的。几百兆的内容，若换成三维体验的话，只能维持一小段时间。针对目前已有的装备，与之对应的内容远远不足。

利用 360 度全景相机拍摄的真实影像作为扩充 VR 内容的要素备受关注。360 度相机是通过组合多个相机来同时采集全方位图像资料的仪器，在日本最有名的就是理光推出的"Theta"系列产品。Theta 系列产品组合使用两台具有 180 度视角的鱼眼镜头，然后将各自拍摄的图像进行拼接，从而获全方位 360 度图像（除了静态画面，还可拍摄动态影像）。

主流 360 度全景相机如图 2-3-8 所示。

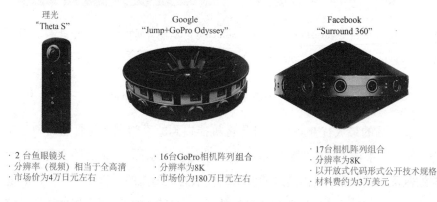

理光
"Theta S"

Google
"Jump+GoPro Odyssey"

Facebook
"Surround 360"

· 2 台鱼眼镜头
· 分辨率（视频）相当于全高清
· 市场价为4万日元左右

· 16台GoPro相机阵列组合
· 分辨率为8K
· 市场价为180万日元左右

· 17台相机阵列组合
· 分辨率为8K
· 以开放式代码形式公开技术规格
· 材料费约为3万美元

信息来源：左图：https://theta360.com/ja/about/theta/s.html；中间图：https://vr.google.com/jump；右图：https://facebook360.fb.com/facebook-surround-360/。

图 2-3-8　主流 360 度全景相机

用 VR 设备看上述 360 度图像，就会使人产生身临其境的感觉。该技术作为旅游、新闻中传递现场信息的工具非常有效。例如，美国日报社 The New York Times 就利用 360 拍摄技术拍摄纪录片并将全新的媒体内容向读者开放。如果是 360 度真实影像，就无须构建像游戏内容那样的三维模型或游戏系统，只需进行拍摄和剪辑处理即可，内容制作变得更加容易。360 度图像不仅可以应用于 VR 领域，还可以在 YouTube、Facebook 上供用户欣赏，随着今后面向普通消费者的相机越来越普及，其产品应用会更加大众化。

在 VR 应用领域，若想拍摄具有一定质量的 360 度影像的话，需要配备专业相机。最理想的情况是在视线方向拍摄全高清 4K 分辨率以上的影像。为实现这一目标，收购 Oculus 公司的 Facebook、Google 先后公布了针对专业创作者的、由多台相机组装而成的 360 度相机。Facebook 将其 360 度相机"Surround 360"的硬件和软件规格以开放代码的形式对外公开，借此，360 度相机的硬件制作费用将会逐渐降低。

如前所述，分辨率的提高虽然能够有效改善 VR 体验质量，但也会带来内容数据容量不断扩大的负面影响。就 8K 分辨率的视频而言，1 分钟的视频文件的大小就达到 250GB。目前，支持 PSVR 的 VR 游戏内容也往往需要数 GB 到十几 GB 的数据容量。

因此，若想实现高像素、顺畅的 VR 体验，需要实现内容发布的网络高速化。在移动网络领域，到 2020 年要实现 LTE 的 5G 网络（5G 时代移动通信方式），实现速度为 10Gbps 的数据传输。若能利用这样的高速网络，以 GB 为单位的内容发布也将成为现实。若控制好分辨率的话，还可以享受实时 VR 现场直播。事实上，NTT DOCOMO 在其 5G 网络实证试验过程中，把针对 VR 的高分辨率数据传输列为一个主要目标，并于 2016 年 11 月开始进行试行。

如图 2-3-9 所示为 VR/AR 技术导航图。

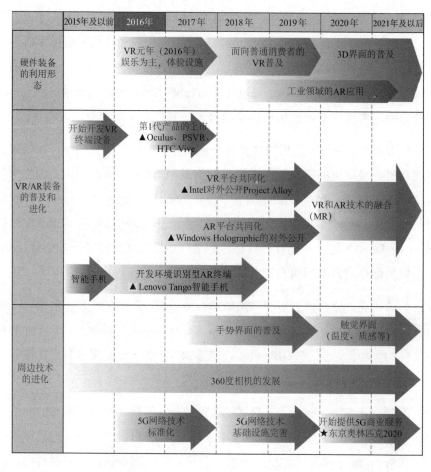

信息来源：野村综合研究所。

图 2-3-9　VR/AR 技术导航图

■ 2017—2018 年：VR 元年向 VR/AR 普及期的转变

在被称为 VR 元年的 2016 年，虽然 VR 概念逐渐被市场所熟悉，但只能说是刚刚踏上普及道路。覆盖整个眼部的 VR 设备是前所未有的，目前来说也不是不分场合在哪儿都能使用的。因此，真正意义上的市场普及尚需时日。另外，可识别环境的 AR 产品的开发晚于 VR 产品，面临市场对其优势、便利性等的怀疑。虽然如此，已有一些生产商开始着手提供这类新兴产品的支撑及构建生态系统，预计两到三年后会逐步普及。

在全面普及之前的阶段，VR/AR 产品的应用主要以高品质的 VR 游戏、主题公园、大型店铺、展示厅等为主。在日本，台场、涉谷等的 VR 专门体验设施均采用 VR 技术，通过这些设施体验过 VR/AR 产品的消费者会购买家庭用 VR/AR 产品并在家娱乐，通过这样的方式，VR/AR 产品将会走向普及。

■ 2019—2020 年：VR 内容的进一步丰富及 AR 技术在工业领域的应用

2020 年即将迎来东京奥运会及残奥会。5G 网络技术的商业服务规划正式启动，利用 VR 技术身临其境地观看体育赛事，借助 AR 技术一边适时参考追加信息一边观赏赛事将会成为新的热门话题。届时，手势操控等新兴操作也将日益大众化，并从传统的二维平面界面转向三维立体界面。

另外，AR 技术除在娱乐、电子商务等领域应用外，也逐渐在工厂、现场服务、保安等领域中应用。随着硬件设备完善度的进一步提高和网络环境的不断完善，AR 技术在工业和商务领域中的应用将赶超 VR 并逐步扩大。

■ 2021 年及以后：VR/AR 的融合，以及 MR 技术的实现

到 2020 年，5G 网络的商业服务正式启动，但考虑运营成本等问题，若想达到广泛应用，时机尚早。当能够高速传输内容时，通过对 360 度高分辨率图像进行 Streaming 处理，可实现利用 VR 技术的广播，彻底改变视听方式。另外，随着图像识别技术的不断发展，VR 和 AR 之间的区别日趋模糊。通过将真实性更高的虚拟形象和现实世界紧密结合，最终发展为现实和虚拟

空间相互融合的"MR"技术。

3. 五年后的应用预测

　　VR/AR 技术改变的并不仅仅是信息的显示方法，其所带来的体验及对现实世界的认知和理解将改变我们接触信息的方式，对提高沟通质量和工作生产效率有较大贡献。例如，利用 VR 技术的实时通信研究领域正不断摸索使身处不同地方的人仿佛存在同一个空间中的通信方法。这一功能一旦实现，和远处的家人通话、与海外事务所的协作等场景将会发生戏剧性的变化。另外，在工厂通过将 AR 仪器和物联网设备相连，试图提高维护作业等生产效率的相关试验也已经开始。

　　为了逐步实现这些目标，需要进一步发展图像处理和识别技术，与判断周围环境的人工智能技术相互协作。虽然技术发展才刚刚起步，但从长远来看，VR 和 AR 是人类实现"自然用户界面"，更加自然地处理信息时必不可少的技术要素，将在对现实世界的信息进行处理的过程中发挥重要作用。因此，这并不是一时兴起的热潮，而是未来持续发展的热门领域。

4. 实现目标所面临的主要课题

　　由于 VR/AR 产品需要佩戴在离眼睛非常近的地方，所以很多人担心会对身体，特别是对眼睛造成伤害。医学研究表明，虽然对成年人来说，一般不会有问题，但对未满 13 周岁的儿童来说，有可能会给眼睛带来负面影响。

　　因此，Sony、Oculus（由 Facebook 投资）等装备生产商呼吁"禁止儿童使用"。由于儿童正处于视觉神经发达的阶段，过早尝试非自然的视线使用方法，有可能会对视觉功能（立体视觉功能）带来负面影响。

同时，即使是成年人，如果长时间佩戴 VR 设备的话，也会出现"眩晕"等不适感。这主要因为虚拟表示的影像动作和人体的三个半规管所感知到的动作之间存在一定的差异。除此之外，长时间地紧盯离眼睛较近的光源或在头部佩戴头盔也有可能会给人带来压力。为了在更大范围内进行普及，除了寻找能够减轻眩晕感的内容制作方法，还需要从中长期发展角度进一步制定对策。

2.4 Payment 2.0

智能手机支付转向空手支付模式，支付体验的不断升级将促进无现金社会的到来

- 摘要
  - 以 2020 年东京奥运会及残奥会为契机的无现金社会的实现受到广泛关注。
  - 无现金化还会带来个人消费进一步扩大和店面业务效率提高等经济效果。
  - 目前，除了政府、相关机构不断完善信用卡支付基础架构，CLO（Card Linked Offer）等也开始鼓励用户使用信用卡。
  - 在技术方面，除智能手机支付外，可穿戴支付和空手支付等支付设备的轻量化、支付方法的简易化得到进一步发展。在未来，支付行为本身也可能消失。
- 导航图
  - 2017—2018 年：智能手机支付的普及；
  - 2019—2020 年：可穿戴支付、空手支付基础设施不断完善；
  - 2021 年及以后：空手支付全面启动。
- 主要课题
  - 移动 POS 运营商的生存之道
  - 无收银台店铺的投资效益

支付是买卖双方之间交易成立不可缺少的流程。纵观如今的支付手段，日本自古以来被称为全球著名的现金大国，2015 年，在个人消费中，现金支付占 49.5%，远超信用卡支付的占比 16% 和预付/电子货币的占比 5.6%，如图 2-4-1 所示。另外，在美国，现金支付仅占 16.7%，信用卡支付占 29.6%，借记卡支付占 24.5%[1]。

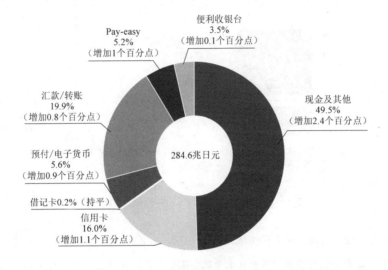

信息来源：Credit Saison "2016 年第二季度决算说明会"（2016 年 11 月 30 日）。

图 2-4-1　日本个人消费支付手段的构成比例（2015 年）

在此背景下，2014 年 6 月 24 日内阁议会通过的《日本再兴战略（修订版 2014）》明确指出了"以举办 2020 年东京奥运会和残奥会等为契机，促进无现金支付方式的全面普及，提高支付的便利性和高效性"。

无现金化的好处很多，如图 2-4-2 所示。对实体店铺来说，面对面付款时无须给客户找零钱，也可以省去收银机清算、现金盘点等相关的现金操作。

1　Credit Saison "2016 年第二季度决算说明会"（2016 年 11 月 30 日）。

另外，由于无须运输现金，还有预防犯罪的社会效益。同样有望在电商网站等非面对面支付、个人之间交易等扩大消费方面做出贡献。

目前，除 IC 卡式电子货币外，还出现了国际品牌发行的借记卡、预付卡等，实现无现金化社会所需的支付工具越来越多样化。今后，日本全国上下将进一步推进无现金化进程。

信息来源：由野村综合研究所根据三菱 UFJ Reserch & Consulting《2010 年商业交易合理化和产品安全相关事业（关于日本无现金化社会发展调研报告)》(2011 年 2 月）编制而成。

图 2-4-2　无现金化的好处

（1）日本政府及相关组织机构加快完善信用卡支付基础框架。

如今，日本政府及相关组织机构已经开始加强和促进在无现金支付中发挥核心作用的信用卡支付的普及。

政府采取的相关措施的重点就是在前面提到的《日本再兴战略（修订版2014)》方针指导下，经济产业省于 2014 年 12 月公布的"实现无现金化政策"[1]。在该政策中提出以下三点核心内容。一是提高访日外国游客的支付便利性；二是进一步完善安全使用信用卡的基础环境；三是从提高公共事业工作效率的角度出发，进一步扩大电子支付的应用范围。具体来说，积极推动各地方商业街、旅游景点等场所引进信用卡支付终端，到 2020 年要实现已签发信用卡的 100% IC 化、信用卡支付终端设备可支持 IC 卡等进程。其目的是尽可能地避免顾客因无法使用信用卡而放弃购买商品的情况，同时加强卡的防伪措施。

百货店、市中心的餐饮店等店铺的信用卡支付终端设备已经很普遍。但在一些中小店铺中，由于终端设备的采购成本较高，普及进程比较缓慢。以外国人经常光顾的旅游景点、地方商业街为中心，可通过政府预算支出的方式，进一步扩大信用卡支付终端设备的应用范围。

在读卡终端设备的 IC 化领域，和中小企业使用的通用终端设备相比，知名企业通过定制方式采购的 POS 终端设备更新较慢。所以，可以通过实现 IC 卡的模块化和标准化，促进 IC 卡的普及。

在运营方的应对方面，值得关注的是符合 FinTech 潮流的移动式 POS 设备。移动式 POS 设备通过将市面上销售的平板电脑和专用读卡终端结合的方式实现信用卡支付业务，Twitter 的联合创始人 Jack Dorsey 于 2009 年创立的 Square、日本本土 FinTech 企业 Coiney、乐天的乐天 SmartPay 等就是其中的典型代表。

在支付手续费方面，Square 为 3.25%，Coiney 和乐天为 3.24%（部分卡是 3.74%），比超过 5% 的信用卡支付更加划算，营业额最快第二天就能入账。因此，可以以原本打算引进信用卡支付系统，但由于手续费高、资金到账周期长等原因迟迟未采取行动的中小企业为中心，逐步引进该系统。

---

1 经济产业省"整理有关实现无现金化的相关方针政策"（2014 年 12 月 26 日）。

（2）鼓励用户使用信用卡的 CLO 服务。

在促进无现金化的过程中，如前所述，政府及相关组织机构在不断完善基础框架的同时，还要激发用户使用信用卡或电子货币的积极性。

其主要措施之一是几年前日本国内信用卡公司启动的"CLO"（Crad Linked Offer）制度。CLO 通过分析持卡人的个人属性、信用卡使用明细等，向持卡人推送符合个人喜好的优惠（返现）信息。

持卡人登记信用卡的信息并事先从多个优惠中选择想要的优惠，之后只需在对应加盟店使用该信用卡进行支付就能享受优惠。也就是说，以后不需要领取纸质优惠券或确认手机上的优惠界面等。简单地说，消费者若想享受某商品的优惠，其前提条件是用卡支付而不是用现金支付。由此推测，今后用卡人数会不断增多。

加盟店可以根据用户的年龄、性别、在该店的消费记录、在竞争店铺的消费情况等相关信息挑选发行购物券的对象并开展相应优惠活动，这是招揽顾客的有效手段。对发卡公司来说，除了可以增加用卡人数，当产生实际支付时，还可以提取几个百分点的手续费作为报酬。

在美国，美国银行、Wells Fargo 等规模不一的数千家金融机构，自 2008 年左右开始提供 CLO 服务。在日本国内，除了 Credit Saison 公司从 2013 年 6 月开始提供该服务，2016 年 9 月，三井住友卡也开始正式提供 CLO 服务。

（3）Apple Pay 引领的智能手机支付服务。

作为大力推进无现金化进程的催化剂而备受关注的是以 Apple Pay 为代表的智能手机支付服务。随着智能手机的全面普及，如果能用平常带在身边的智能手机进行支付的话，不仅非常方便，还会提升购物体验。

智能手机支付功能的实现方式有利用 NFC、FeliCa 等非接触式 IC 技术进行支付的"移动 NFC 型"和利用条形码、QR 码的"智能手机应用程序型"

两大类，如图 2-4-3 所示。

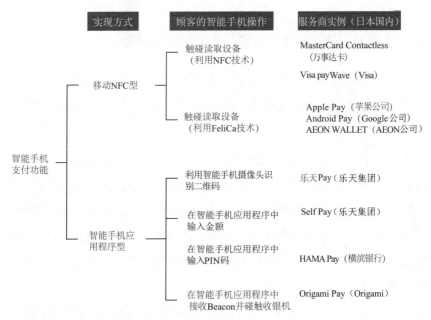

| 实现方式 | 顾客的智能手机操作 | 服务商实例（日本国内） |

移动NFC型 — 触碰读取设备（利用NFC技术） — MasterCard Contactless（万事达卡）／ Visa payWave（Visa）

移动NFC型 — 触碰读取设备（利用FeliCa技术） — Apple Pay（苹果公司）／ Android Pay（Google公司）／ AEON WALLET（AEON公司）

智能手机支付功能

智能手机应用程序型 — 利用智能手机摄像头识别二维码 — 乐天Pay（乐天集团）

智能手机应用程序型 — 在智能手机应用程序中输入金额 — Self Pay（乐天集团）

智能手机应用程序型 — 在智能手机应用程序中输入PIN码 — HAMA Pay（横滨银行）

智能手机应用程序型 — 在智能手机应用程序中接收Beacon并碰触收银机 — Origami Pay（Origami）

信息来源：野村综合研究所。

图 2-4-3　智能手机支付功能的实现方式

Apple Pay、Google 的 Android Pay 等移动 NFC 型支付方式，只需对准终端读取设备就能完成支付流程，虽然可实现快速支付，但由于还需要配套的终端读取设备，投入成本较高，苹果公司仅在日本的苹果手机上采用 FeliCa 技术，用户可以利用和 Suica 卡相同的终端读取设备，其目的就是避免另外配备终端读取设备所产生的采购成本。

采用智能手机应用程序型支付方式时，需要打开应用程序并向对方展示二维码，无法实现像移动 NFC 型那样的快速支付。但无论是 iOS 还是 Android 系统，任何智能手机都能使用，所以可覆盖更多的用户。

1. 应用案例

■ 印度政府：通过破坏性政策，大力推进无现金化

印度是一个比日本更严重的现金主义国家，在 13 亿人口中，持有信用卡的仅占 2% 左右。以废除高额纸币为契机，印度正全面推进向无现金化社会的转型。

2016 年 11 月 8 日，印度首相穆迪发表声明，为了杜绝假币和非法资金，自 2016 年 11 月 9 日起禁止使用 500 卢比（约 815 日元）和 1000 卢比（约 1630 日元）的大额纸币。据说在印度，在流通货币中，约 40 亿卢比是假币，相当于每 4000 张 1000 卢比的纸币中就有一张是假币。对此，用卡支付取代纸币支付，在使造假币等非法活动失去生存环境的同时，也距离无现金化社会的实现更近了一步。

但并不是仅凭禁止使用大额纸币就能顺利推进无现金化社会进程。对此，印度政府正积极推出激励国民的一些措施。具体来说，减免单笔消费金额中最高 2000 卢比的服务税；在加油站使用信用卡、借记卡、预付卡、移动钱包进行支付时，可享受 0.75% 的折扣优惠。另外，在线购买生命保险或损失保险时，可享受 8%～10% 的折扣优惠，购买铁路月票时，可享受 0.5% 的折扣优惠，高速公路的过路费也可以享受 10% 的折扣优惠。

虽然尚不知这些措施最终是否会有效，但在促进无现金化进程中，这些"猛药"或许也会发挥作用。

■ 三井住友卡提供面向加盟店的促销服务"KOKOIKO"

三井住友卡从 2016 年 9 月起，提供采用如前所述的 CLO 模式的面向加盟店的新促销服务"KOKOIKO"。

"KOKOIKO"服务根据会员的基本属性、用卡记录、智能手机所在位置

等信息，向每一位会员发送精准的优惠信息。当会员发现有感兴趣的优惠信息时，事先通过智能手机应用程序等进行来店申请，之后只需在有效期限内在目标店铺进行刷卡支付，就能享受"返现"或"积分"等优惠。

和以往的优惠活动不同，其最大的特点就是无须在店铺前台出示优惠券，只需刷卡支付就能自动享受指定优惠。由于该项服务是由发卡公司提供的，使用现金支付时无法享受优惠。因此，这种方法会有效促进用卡支付的进一步普及。

2016 年 5 月，三井住友卡作为首家日本金融机构加入"CardLinx Association"，并积极加入 CLO 相关领域。"CardLinx Association"是总部设在美国，开展 CLO 相关系统及数据接收平台标准化活动的非营利性组织。

2. 相关技术概要

随着智能手机支付等相关技术的不断发展，支付变得越来越方便，最理想的状态就是在用户并没意识到"支付"行为时，操作已经完成。为什么这么说呢？因为对用户来说，支付并不是目的，只是购买商品或享受服务时的一个流程而已。

下面，首先介绍让用户意识不到支付行为的具有划时代意义的解决方案——美国 Amazon 推出的"Amazon Go"及在该平台上使用的"拿上就走技术"（Just Walk Out Shopping Technology）。

然后介绍已在日本国内进入实证试验阶段的，基于生活相关数据的个人身份识别技术——"Lifestyle 认证"技术。

■ Amazon Go 及 Just Walk Out Shopping Technology

Amazon Go 是 2017 年在美国 Amazon 总部所在地西雅图开设的面积约

为 50 平方米的零售店。其特点是无须排队缴费，也就是说，顾客无须进行支付，从货架取出想要的商品直接带走就可以。

顾客在走进店铺时，启动专用的智能手机应用程序，显示屏会显示入店专用二维码，将该二维码对准入口闸门就能开始购物旅程。当发现想要的商品时，直接把商品放入自己的包里，从进店时通过的闸门走出去即可。顾客无须扫描商品条形码，也无须排队付款。

而支撑 Amazon Go 运营的就是该公司的 Just Walk Out Shopping Technology。

该技术充分利用安装在店内的多个摄像头、话筒和传感器设备，以确定顾客在店内所处的位置及行动轨迹。同时，从货架中取出商品时，通过图像识别技术，系统会自动识别商品包装并确定商品种类。货款会从顾客的 Amazon 账户中自动扣除，当顾客把手中的商品放回货架时，货款会重新返还给顾客。顾客一旦走出店铺，电子收据会通过应用程序发送给顾客。

■ Lifestyle 认证技术

无论是面对面还是非面对面支付，为了防止非法行为，使用无现金支付时需要确认本人身份。例如，Amazon Go 采用进店时将智能手机上的二维码对准闸门进行扫描的方式，而 Apple Pay 则采用指纹读取的方式（Touch ID）。

虽然有上述识别方法，但目前最常用的认证方法还是 ID 和密码组合的方式。虽然该方法具有成本低、使用方便等特点，但受一些因素的影响，比较脆弱。另外，重复使用同一密码的情况在所难免，一旦密码泄漏，非法入侵的损失范围容易扩大。

对此，东京大学研究生院信息理工学系研究科社会 ICT 研究中心目前正积极开展新一代个人身份识别技术的研究，即通过用户行为记录信息等多项组合方式进行个人身份认证的"Lifestyle 认证"技术。

Lifestyle 认证是将用户的智能手机相关信息（终端设备 ID、IP 地址）、GPS 信息、传感器信息、购物记录、可穿戴式终端设备的传感信息等多个要素进行组合的多要素认证方法。用户无须进行密码管理或完成生物认证所需的指定动作等，企业则无须面对用户对密码管理的苛刻要求，无须花费时间完成采集生物认证系统所需的指纹等工作。

社会 ICT 研究中心于 2017 年 1～3 月募集了 5 万人进行 Lifestyle 认证技术相关的实证试验"MITHRA Project"。在用户信息收集方面则与雅虎、欧姆龙、凸版印刷、小学馆等相关组织机构进行合作，利用对方的终端 ID、无线信号（Wi-Fi）、地理位置信息、IP 地址、使用时间、移动轨迹、漫画购买记录、血压计购买记录、电子传单等。

在这次实证试验中，首先要确认大规模的数据收集和多要素认证技术能否在同一个系统上实现衔接。在此基础上，忽略购物确认、支付等行为，实现真正的空手支付。

3. 导航图

如前所述，"支付"本身只是一种手段，并不是目的。基于此观点，通过改进支付流程，提高顾客的购物体验成为最终目的。Amazon Go 希望通过取消排队付款，消除顾客的烦躁情绪，以提升购物体验，这是具有划时代意义的理念。但普通企业想一次性实现 Amazon Go 的运营模式是很难的。

对普通企业来说，在较短的时间内能够实现的是美国星巴克模式。该公司从 2011 年开始正式引进智能手机应用程序支付模式，并从 2015 年 9 月开始，提供事先通过应用程序下单并付款，然后用户到实体店无须排队付款，直接取走商品的"Mobile Order & Pay"服务。

在"Mobile Order & Pay"服务模式中，用户首先从智能手机应用程序的主菜单中选择商品；之后，结合用户所处位置确认排队时间，决定领取商品的店铺；最后，单击"Order"按钮就能提交订单，并从登录账户的星巴克会员卡中自动扣款，完成支付流程。这时，被指定的店铺收银台终端设备会自动打印该订单，员工将订单粘贴在纸杯上并准备制作咖啡。用户只需前往指定店铺，无须排队就能领取商品。通过重新审视整个商品购买流程中支付的作用，能提升顾客的购物体验。

如图 2-4-4 所示为支付 2.0 技术导航图。

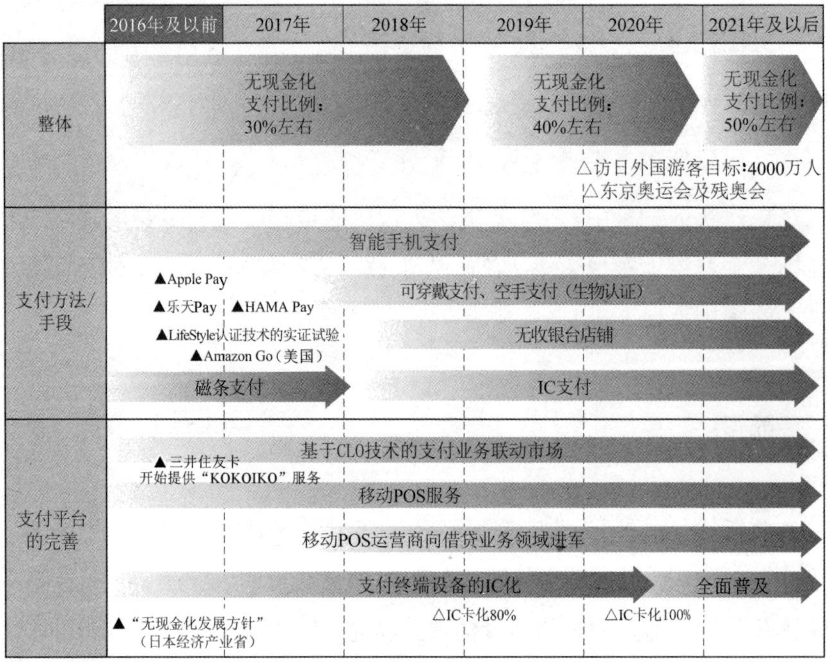

信息来源：野村综合研究所。

图 2-4-4 支付 2.0 技术导航图

■ 2017—2018 年：智能手机支付的普及

2016 年 10 月 25 日，"Apple Pay"开始在日本国内提供服务。Apple Pay 使用 JR 东日本的电子货币"Suica"等利用的非接触终端支付设备，只需对准读取终端设备就能完成支付，Apple Pay 是苹果公司特有的智能手机支付服务，可在苹果设备上使用。

在该服务正式开通的第一天，由于 JR 东日本的 Suica 卡新用户登记系统的客户访问过于集中，导致 Suica 卡的 Apple Pay 新用户登记系统一度陷入瘫痪状态，引起了社会的广泛关注。

虽然被 Apple Pay 的光芒遮挡而未曾被大肆报道，日本乐天公司于 2016 年 10 月 27 日正式向公司会员提供智能手机支付应用程序"乐天 Pay"。该支付系统提供 2 种支付方式，一种是利用用户的智能手机读取店内智能手机或平板电脑上显示的二维码并进行支付的"QR 支付"方式，另一种是用户直接在智能手机中输入金额并进行支付的"Self Pay"方式。另外，Google 也开始在日本市场推广"Android Pay"服务，但其首先要支持"乐天 Pay"。2017 年，横滨银行推出"HAMA Pay"；2018 年，AEON 推出提供智能手机应用程序"AEON WALLET"功能加强版的智能手机支付服务。

如前所述，2017—2018 年，各种智能手机支付服务纷纷上市，可利用的卡种类也更加多样化。同时，政府积极推进在地方商业街或旅游景点等场所引进信用卡支付终端设备，移动 POS 运营商的不断加入也将进一步推进无现金化的进程。

■ 2019—2020 年：可穿戴支付、空手支付基础设施不断完善

利用大多数人平常随身携带的智能手机进行支付确实很方便。但其前提是用户必须携带智能手机，在跑步等不携带手机的场景中就不适用。

最近，针对这些应用场景的支付方式也开始出现，就是在消费者的可穿戴设备中搭载支付功能。例如，表带式可穿戴设备（智能手环）的制造商 Jawbone 公司于 2015 年 4 月与美国运通公司合作发布了利用 NFC 芯片实现支付功能的可穿戴设备"UP4"。将 UP4 戴在手腕上，只需对准店内读取装置进行扫描就能完成支付。无须携带钱包或智能手机，用户只需把 UP4 戴

在手腕上外出跑步，在回来的路上就能在便利店购买饮料。

虽然并不是所有人都拥有可穿戴设备，但对部分用户来说，可根据不同的使用场合，从信用卡、智能手机、可穿戴设备中选择最佳支付方案。

支付终端设备的轻量化趋势并不止这些。可穿戴支付的最终发展目标是在不携带任何物品的状态下的"空手支付"。目前，实现"空手支付"的解决方案除了前述的 LifeStyle 认证技术，在不久的将来还会出现借助脸部、指纹等生物信息的支付方法。

例如，由专门从事指纹认证技术研究的日本国内创业公司 Liquid 提供的"Liquid Pay"，在第一次使用时，要把手指放在指纹读取设备上，以收集用户的指纹信息；同时，还要登记信用卡等支付方式。之后只需利用指纹就能调出相关数据并完成支付。传统的指纹认证技术在核对指纹信息时往往需要一定时间，但该公司利用人工智能技术自主开发的认证系统的认证时间仅为0.05 秒，除此之外，错误率为兆分之一，在精准度方面取得飞跃性提升。

2016 年，该公司在神奈川县的汤河原温泉、镰仓市由比滨的"砂滨 Fes"、栃木县宇都宫市内的体育俱乐部等地进行实证试验。无论哪一个场景，都是非常适合使用空手支付的。虽然尚处于测试阶段，但预计到 2020 年，其有望应用于游泳池、海滨浴场等不方便携带现金、银行卡或智能手机的场所。

另外，促进无现金化进程的基础架构建设也会得到进一步推进。随着2020 年东京奥运会及残奥会的举办，将会有大量外国游客访问日本。为了确保这些访日外国游客能够畅通无阻地消费，日本正逐步加快信用卡支付终端设备的普及，除城市外，还会向旅游景点、地方等全国各地扩展。

同时，实现发行信用卡的 IC 化，信用卡支付终端设备可支持 IC 卡的比例达到 100%。也就是说，由过去的使用磁卡并让持卡人签名的方式，转向使用内嵌 IC 芯片的卡并输入 4 位 PIN 密码的"Chip & PIN"模式。

■ 2021 年及以后：空手支付全面启动

到 2021 年，为迎接东京奥运会及残奥会而推进的信用卡支付终端设备等的基础架构建设告一段落，迎接无现金化社会的平台建设将基本完成。

另外，在首都圈的大型店面、游乐园、游泳池等公共场中，可穿戴支付等利用生物信息的支付方式得到普及。除了智能手机支付方式，用户还能根据使用场合在各种支付方式中自由选择。

像 Amazon Go 一样没有收银台的零售店，以及引进 Lifestyle 认证技术的空手支付系统的企业会逐渐增多，一些企业将通过空手支付消除顾客的烦躁心理，大幅提升购物体验而获得成功。

4. 实现目标所面临的主要课题

■ 移动 POS 运营商的生存之道

由于移动 POS 业务是典型的薄利多销型业务，所以拥有更多的用户并不断扩大规模是决定胜负的关键，但如今该行业已进入红海阶段，其生存日渐艰难。

自 2012 年开始，信用卡支付服务商 PayPal 和 Softbank 公司在日本国内合作开展了 PayPal Here 服务，到 2016 年 11 月月底，其宣布停止提供该服务，从中也能看出该领域的艰辛程度。2016 年 12 月，Recruit 控股公司旗下专门运营餐厅预约网站"Hotpepper"的 Recruit Lifestyle 子公司和 Recruit Payment 子公司也先后加入移动 POS 业务领域，让该领域的竞争更加激烈。

由于仅凭移动 POS 业务难以存活，所以必须确保有其他收入源。其中有望实现的是通过对使用移动 POS 设备的加盟店的支付数据进行分析，将分析结果应用于融资资格审核的借贷业务。

前面提到的 Coiney 公司于 2016 年 9 月对外发布基于支付数据和 AI 技术、应用于企业信用评价和融资资格审核领域的借贷业务引擎 "Coiney 引擎"。同年 12 月，其公布同住友信托 SBI 网络银行合作，并讨论向 Coiney 加盟店提供融资服务的相关事宜。

移动 POS 运营商的业务一旦受挫，其主要客户群中的中小加盟店的无现金化业务也将陷入全面停滞的状态。因此，移动 POS 运营商自身的生存对策也是一个重大课题。

■ 无收银台店铺的投资效益

若想模仿 Amazon Go 业务模式，实现无收银台店铺经营，需要利用基于语音识别、图像识别的顾客动线和商品识别等多项先进技术，并提高分析精确度和增大数据储备。

但对这种店铺经营模式的研究并不是由 Amazon Go 最先提出的。在这之前，就已经有了通过在所有商品上粘贴 RFID（IC 标签）并在出入口处设置闸口式 RFID 读取设备的方式实现无收银台店铺的尝试。但这些尝试最终都因投资效益问题而未能取得成功。虽然可取得减少店员等节省人工费用的投资效果，但依然存在补充商品、店面清洁等作业无法实现不需要店员的问题。这样一来，有望实现的投资效果就是利用便利性吸引顾客，扩大营业额，但收益增加额不足以弥补引进 RFID 系统所需的采购成本。

Amazon Go 并没有采用 RFID 系统，而是利用摄像头、话筒设备，加上红外线、压力、重量传感器等不同功能的传感装置。但若想确保具有较强实用性且保证识别精准度，则需要非常多的传感装置，配置成本将会很高。

一般来说，食品超市的利润率并不高。作为一个热门话题还可以，但从投资收益角度来看，暂且还是对 Amazon 的运营效果拭目以待吧。

2.5 API 经济 2.0

API 经济商业模式的发展

- 摘要
  - 在日本国内，也开始出现利用对外公开的 API 开展业务连接的 API 经济模式。
  - 虽然 API 的好处已逐渐被大众认可，但大众对 API 经济具体能带来哪些效益仍存在疑虑。
  - NRI 内部将 API 中的商业模式归纳为五个阶段。
  - 平台模式的经济效益最大，将成为未来的热门。
- 导航图
  - 2016 年及以前：黎明期——一般企业开始考虑对外开放 API；
  - 2017—2019 年：发展期——更新型 API 出现，跨领域的 API 经济不断扩大；
  - 2020 年及以后：普及期——基于 API 的平台业务不断扩大。
- 主要课题
  - 行业标准的制定
  - 非法访问预防措施

　　"API 经济"作为新兴潮流被社会关注已有一年多的时间。API 是应用程序编程接口的缩略语，是在某一软件中调用另一软件的功能。与此相比，

"API 经济"一词原本表示在某一企业的商务活动中引出另一企业的商务活动，从调用一方来看，API 连接的并不仅仅是一个软件功能，而是由对方企业所提供的商业活动。传统 API 和 API 经济的区别如图 2-5-1 所示。

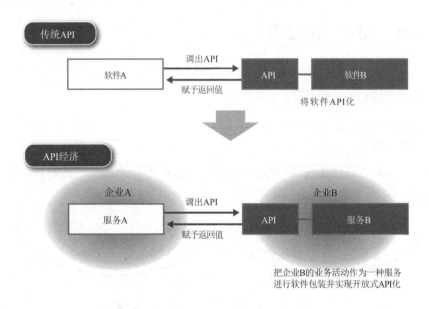

信息来源：野村综合研究所。

图 2-5-1　传统 API 和 API 经济的区别

API 经济也是在日本国内市场备受瞩目的关键词之一，出现了各种各样的尝试。例如，瑞穗银行将针对公司法人的网络银行服务"MIZUHO 商务WEB"进行 API 化，并从 2016 年 10 月 17 日开始向 Moneyforward 和 freee两家公司提供该服务。另外，三井住友银行也在 2016 年 10 月 17 日发表声明，表示将以从 2017 年春季起向法人客户提供 API 接口服务为目标开始内部讨论。

在 API 经济领域，需要把公司业务以 API 的形式对外公开。但为了实现对外公开，需要追加《IT 导航图　2016 年版》中提到的 API 管理方案或日常运营费用。因此，2015—2016 年，也有一些企业因未能发现 API 化带来的好处而踌躇不前。但仍有很多 IT 媒体纷纷将目光转向 API 经济，而事实上，已有几家企业公布 API 化计划，推进 API 化的经济效果也逐渐被人们认可。野村综合研究所（NRI）从早期就主张的 API 化的主要好处有以下几点。

（1）节约开发成本，缩短开发周期。

通过组合 API 化功能的方式创新服务，从而节约成本，缩短周期。

（2）提升顾客体验。

通过组合 API 化功能，根据客户类别，只针对部分 UI/UX 进行特定开发，借此提升顾客体验。

（3）吸引业务。

将公司 API 接口借给其他公司使用，可利用其他公司的渠道招揽业务。

（4）保护消费者权益（特别是在金融领域中）。

当公司客户利用新兴企业的相关服务时，无须向第三方新兴企业提供客户的 ID/PW，也能利用新兴企业的相关服务。

1. 应用案例

■ 削减开发成本和缩短开发周期的成功案例

（1）Citigroup。

如今，Citigroup 除了自己提供 API（账户信息核对、交易明细核对等），还定期举办可组合万事达卡（Mastercard）、Uber、汤森路透等其他公司公开的 API 提供新服务的黑客马拉松大赛"Citi Mobile Challenge"。

Citigroup 对外公开的 API 原本是为了提高公司移动应用程序的开发效率而研发的。

（2）日本兴亚财产保险（SJNK）。

2016 年 7 月，日本兴亚财产保险（SJNK）公司对外公布对主干系统进行更新，以确保系统的处理速度、灵活性和扩张性，实现 FinTech 服务。该项目的重点在于将现有的 Monolithic（磐石）等主干系统重建成 Microsoft 服务结构。若能实现该工程，就能够和 Microsoft 服务化（API 化）功能相结合，快速以较低成本开发出新的服务。

■ 提升顾客体验的成功案例

▲ NAMU——提供卓越的顾客体验服务的移动银行

NAMU（总部在美国新泽西州）是一家于 2014 年成立，专门提供移动银行白标服务（用对方品牌提供商品或服务）的新兴企业。NAMU 重点关注放在金融机构的移动应用程序满意度远低于其他行业这一点，为客户提供一种标榜"快乐银行"的移动银行应用程序，特别是其 UI/UX 的设计独具特色。

但仅具有别具一格的 UI/UX 外表，并不能有效提升顾客体验。应该事先设想顾客使用该应用程序的场景，并提供相应功能。具体来说，包括"账户应用功能"，利用人工智能技术的"顾客轮廓特征"、"SNS 连接功能"和"电子商务连接功能"，与分店店员边通话边咨询银行贷款业务的"视频会议功能"等。NAMU 移动银行应用程序示意图如图 2-5-2 所示。

这些功能是有效提升顾客体验必不可少的功能。很显然，作为新兴企业的 NAMU 不可能自行开发所有的功能。对此，该公司的账户聚合采用 Yodlee 等公司的账户应用程序 API，在人工智能方面则采用 IBM "Watson" 的原开发人员创建的新兴企业 CognitiveScale 的人工智能云，视频会议系统则采用在欧洲金融领域已有成功案例的 Ailleron 公司的 "LiveBank" 服务。在此基础上，加入该公司比较擅长的 UI/UX 内容，在整体上实现较高质量的顾客体验，如图 2-5-3 所示。

Joyful Banking
的NUMU首页

利用移动应用程序，可完成贷款咨询到最终申请
的Ailleron服务

信息来源：左图：选自 NAMU 相关资料；右图：选自 Ailleron 相关资料。

图 2-5-2　NAMU 移动银行应用程序示意图

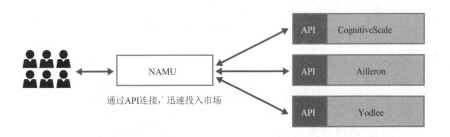

信息来源：野村综合研究所。

图 2-5-3　通过多个 API 的使用提升顾客体验的 NAMU

▲ Uber——出租车服务领域中的顾客体验改善案例

Uber 的案例已在《IT 导航图　2016 年版》的"招揽业务"章节中进行

了介绍，其同时其也是"提升顾客体验"的成功案例。

除 Foursquare 外，Uber 还与 UNITED、HYATT、Tripadvisor、OpenTable 等仅向 Uber 开发人员开放的 28 个应用程序进行 API 合作，如图 2-5-4 所示。

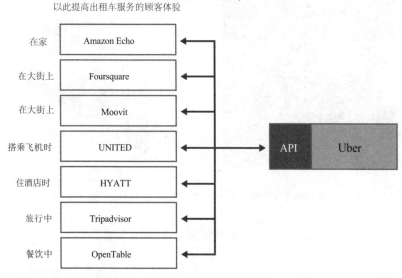

信息来源：野村综合研究所。

图 2-5-4　通过合作提高出租车服务的顾客体验的 Uber

当然，也可以看作这些应用程序在向 Uber"招揽业务"。但对使用这些应用程序的部分顾客来说，也可以认为有效提升了"出租车服务"的顾客体验。

当然，虽然 Uber 公司本身也提供应用程序，但对在家利用 Amazon Echo 的消费者来说，直接通过 Amazon Echo 呼叫出租车会更方便。另外，也有人觉得在搭乘飞机或住酒店时分别通过 UNITED、HYATT 应用程序呼叫出租车会更方便。Uber 通过和各种应用程序达成 API 合作，让顾客通过自己惯用（结合使用场所）的应用程序呼叫出租车，从而成功提升顾客体验，并由此派生更多的业务。从这个角度来看，"提升顾客体验"和"招揽业务"是利益共同体。

■ 招揽业务相关案例

▲ Options Xpress（Charles Schwab）

2001 年成立的 Options Xpress 公司是于 2011 年被 Charles Schwab 公司以 10 亿美元收购的期货期权交易公司。

Options Xpress 的主要客户是个人投资者。虽然该公司本身也提供便捷的交易工具，但该公司通过将其期货期权业务功能进行 API 化并向第三方提供的方式来扩大销路，成功招揽了更多业务，Options Xpress 的 API 公开情况如图 2-5-5 所示。

从事期货期权交易的个人投资者有时会习惯使用已添加到收藏夹里的交易工具。针对这部分个人投资者，想要他们改用 Options Xpress 提供的工具并在公司平台上进行交易，往往需要投入大量的人力和物力。这时，向大多数个人投资者进行期货期权交易时经常使用的工具供应商提供 API 接口，使其通过惯用工具进行交易是最好的选择。只要同拥有大量用户的工具供应商进行合作，就有机会增加与更多用户接触的机会。

■ 消费者权益保护相关案例

▲ 三井住友银行

三井住友银行于 2016 年 10 月 17 日对外公布的面向法人用户的"电脑银行 Web21《API 连接服务》"包含了消费者权益保护的条例。

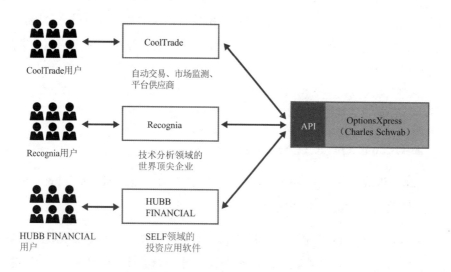

信息来源：由野村综合研究所根据相关资料汇编而成。

图 2-5-5　OptionsXpress 的 API 公开情况

在通常情况下，从特定银行以外的第三方应用程序登录该银行的顾客账户时，需要向第三方提供对应的 ID/PW 信息。第三方则利用该 ID/PW 信息替当事人登录系统，登录后采用"截取"（Scraping）方法取得可供参照的账户信息（见图 2-5-6）。由于该方法将原本只有当事人本人知晓的 ID/PW 信息提供给第三方，其风险系数比较高（见表 2-5-1）。

JP 摩根大通首席执行官 Jamie Dimon 在 2016 年股东报告会中称"FinTech 企业连非必要的顾客信息也收集，并在顾客不知情的情况下向第三方转卖这些信息。同时，其在顾客中止 FinTech 企业的相关服务之后仍然继续获取顾客信息"。

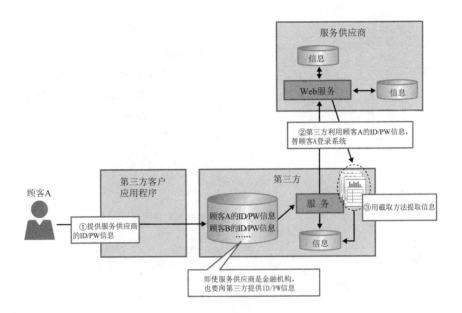

信息来源：野村综合研究所。

图 2-5-6　需向第三方提供 ID/PW 信息的顾客账户登录方法

表 2-5-1　向第三方提供 ID/PW 信息的风险

认证风险	向第三方泄漏 ID/PW 信息
	第三方不正当使用 ID/PW
许可风险	由于全权委托给第三方，第三方可接触不必要的信息
	无法控制登录的有效期限

信息来源：野村综合研究所。

对此，三井住友银行尝试提供一种无须向第三方提供顾客的 ID/PW 信息，而是通过第三方应用程序也能登录顾客账户的方法（见图 2-5-7）。在技术层面，可利用在《IT 导航图　2016 年版》中提到的 OpenID Connect 或 OAuth 2.0 认证及许可协议的开放标准技术实现该目标。通过使用该协议，可实现只把"必要的信息"在"必要的期限内"向第三方提供。

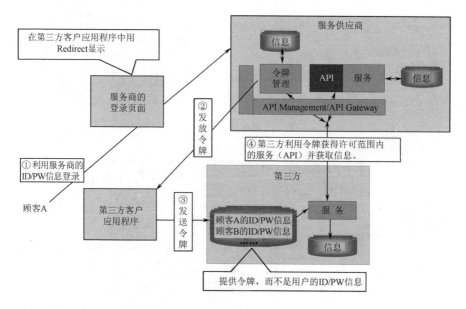

信息来源：野村综合研究所。

图 2-5-7　采用认证及许可协议的开放标准技术的情况

NRI Secure Technologies 于 2016 年 11 月公布针对企业用户的 API 服务，正式提供支持以合理形式利用行业标准安全规范及有效解决方案的"API 安全顾问服务"。不仅限于金融机构，在对外公开 API 的过程中，安全性认证和许可措施都是非常重要的因素。

未来，随着 API 经济的日益普及，提升公司商业价值的渠道除了公司自身，还应扩展至其他公司。同时，通过将公司商业价值和其他公司的商业价值进行融合，向客户提供更高的附加价值。

最近，全渠道（Omni Channel）概念备受行业关注。然而，就算其实现渠道的无缝连接，如果只包含一家公司的商业价值的话，也只在顾客生活中占据一小部分。也就是说，企业和顾客的接触点（店铺、网站、移动应用程序、呼叫中心等）在顾客的整体生活中不过是一个点，即便把这些点都连接起来，也顶多是个平面环形。但如果把其他公司的接触点也纳入进来的话，就会变成立体球形，可全面接近顾客生活的方方面面（见图 2-5-8）。

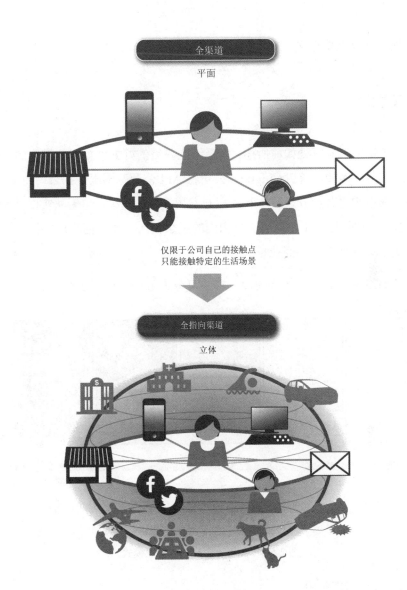

信息来源：野村综合研究所。

图 2-5-8　顾客渠道由全渠道向全指向渠道（Omni Directional）发展

针对顾客所有的生活场景，采用全方位接近的渠道战略，对今后的渠道战略规划具有重要意义。

2. 导航图

API 化带来的好处如前所述，但最终能获得的好处根据商业模式的不同而有所差异。例如，当初 Citigroup 公司将 API 公开范围限定在公司内部时，虽然能够取得"节约开发成本和缩短开发周期"的效果，但无法实现"招揽业务"。为了实现 API 化，也需要相应的资金投入。如何回收这些投资，主要取决于选择什么样的商业模式。

在 NRI 内部，API 经济的商业模式可分为五类，如图 2-5-9 所示。

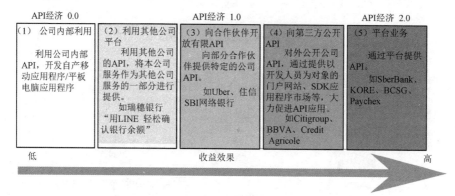

信息来源：野村综合研究所。

图 2-5-9　API 经济的五类商业模式

1）公司内部利用

对公司内部应用程序进行 API 化，在公司移动应用程序或平板电脑应用程序中利用 API 的商业模式。此时，与其期望实现外部收益，不如期待获得节约公司内部的开发成本，缩短开发周期的应用效果。

2）利用其他公司平台

连接其他公司的 API，本公司的服务同时也是其他公司服务内容的一部分，这种商业模式可取得提升顾客体验、招揽业务等应用效果。具体实例就是瑞穗银行的"用 LINE 轻松确认银行余额"的商业模式。

3）向合作伙伴开放有限 API

仅向部分合作伙伴提供公司 API 的商业模式。由于合作伙伴把该 API 作为服务功能之一加以利用，所以有望实现招揽业务的目的。具体实例包括"Foursquare"和"Uber"的 API 合作、住信 SBI 网络银行和全自动家庭收支簿服务供应商 Money Forward 及云会计软件供应商 freee 的 API 合作等。

4）向第三方公开 API

向拟利用公司 API 的开发人员提供门户网站或 SDK，以便促进第三方 API 应用的商业模式。在该模式下，API 对外开放，甚至已出现由第三方开发的应用程序以 AppStore 的形式予以公开或举办黑客马拉松等通过 API 推广公司服务的案例，具体包括 Citigroup、BBVA、Credit Agricole 等。

5）平台业务

该模式又可分为两类。一类是像俄罗斯的 SberBank 银行、提供机器人平台的 IT 服务商 KORE 公司那样，在自己的平台上另行开发服务并运营的模式。另一类是除了自己的 API，整合合作伙伴 API 提供的内容或服务，并以捆绑形式通过 API 向用户提供的模式。在五类商业模式中，该模式的收益最具魅力。该模式可借助多项内容或服务来汇集各种数据，并通过数据分析创造新的价值。举例来说，有针对银行及通信运营商的客户群（中小型企业）提供业务应用程序服务的 BCSG、面向众多中小企业提供公司业务应用程序服务的 Paychex 等。

虽然平台业务式商业模式的应用案例还比较少，但通过挖掘有可能成为未来"金矿"的潜在数据，未来会有越来越多的以金融机构为中心的企业参与其中。另外，能够提供更多优质软件的平台肯定会胜出。越来越多的优质软件会集中到市场占有率高的企业中，因此企业应该尽早着手，打好基础。

API 经济导航图如图 2-5-10 所示。

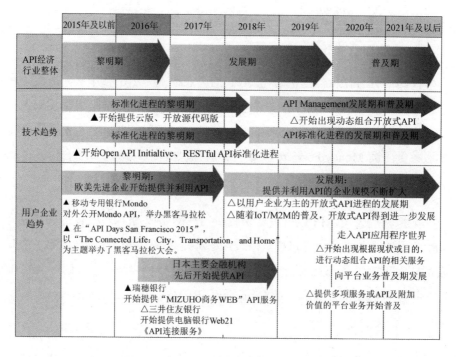

信息来源：野村综合研究所。

图 2-5-10　API 经济导航图

■ 2016 年及以前：黎明期——一般企业开始考虑对外开放 API

这期间，日本国内开始有一些企业对外公开 API。

2015 年 2 月，freee 正式对外公开了将参考登录和交易数据来核对账户信息等进行 API 化的"freee API"。2016 年 3 月，住信 SBI 网络银行开始提供账户余额、存取款明细核对功能的 API 连接服务，并在同月正式启动与 Money Forward 公司的 API 合作。另外，2016 年 10 月，瑞穗银行开始向

Money Forward 和 freee 两家公司提供"MIZUHO 商务 WEB"API 服务。

如上所述，在金融领域，日本国内也受 FinTech 热潮的影响，开始出现以金融机构为首的开放式 API 趋势。

不仅民间金融机构，就连政府部门也加入其中。金融审议会在 2015 年 12 月公开的"关于决算业务——实现支付业务高度化战略措施"中提出，设置研究开放式 API 技术的专门机构，之前已于 2016 年 10 月成立了"开放式 API 相关研讨会"。但与欧美国家以强制性法律规定的形式积极推进的姿态相比，其促进力度相对较弱。

■ 2017—2019 年：发展期——更新型 API 出现，跨领域的 API 经济不断扩大

《IT 导航图 2016 年版》曾预测"在该期间，随着物联网的普及应用，API 经济范围将超出'B-to-B'框架不断扩展"。虽然该预测本身不会有变化，但同时，可对经 API 平台访问的数据进行更新的"更新型 API"正式出现。通过平台更新型 API，预计将迎来跨领域的 API 经济不断扩大的时期。住信 SBI 网络银行和自动储蓄服务"finbee"开始提供日本国内首个金融机构的更新型 API 服务。

仅凭公开进程比较缓慢的参照型 API，很难建立起能够实现经济效益的商业模式。因此，可带来更多业务的更新型 API 的普及应用会给 API 经济的发展带来巨大的推动力。

在美国，2016 年 11 月，Citi 公司面向 FinTech 企业开发人员正式推出了"全球 API 开发人员平台"（Global API Developer Portal）。在该门户网站中，可通过 API 使用 Citi 账户管理、汇款（P2P、B2B）、点测量程序(Point Program)、投资商品购买、本人确认（认证）等在内的更新类功能。其服务对象已扩大至亚洲、美国和墨西哥。在利用 API 服务的 FinTech 新兴企业的最新动向方面，向金融机构提供以移动银行为入口的汽车贷款平台的

CUneXus 公司利用 API 进行跨领域合作，正式提供搜索汽车、以旧换新、购买汽车、购买车险等周边服务。在日本国内市场，也将出现利用更新型 API 的类似服务。

■ 2020 年及以后：普及期——基于 API 的平台业务不断扩大

正如《IT 导航图 2016 年版》解释的那样，当以 OAI[1] 为目标的机器可读 JSON 技术真正得以实现时，有望出现动态聚集开放式 API 的相关服务（API 应用程序）。Google 公司于 2015 年 5 月公布的物联网平台 "Project Brillo" 主要通过以 JSON 为基础的物联网协议 "Weave" 实现物联网终端设备之间及物联网终端设备和智能手机之间的无缝连接（可进行自动识别）。通过实现 API 应用程序，这些范围受限的连接将逐步开放。

在这期间，借助 API 合作的平台业务将进一步扩大。CUneXus 等联合多个 API 的各种服务纷纷登场，同时整合多个 API 资源的平台运营商的数量及规模也会进一步增加和扩大。以 CUneXus 为例，当和多个企业进行交涉时，签订合同等将成为体力作业。例如，实现从美国国内所有汽车保险公司中选择保险产品的功能是非常困难的。但如果存在一个能够把所有汽车保险公司的 API 进行整合并对外开放的平台运营商的话，CUneXus 只需与这一家签约即可。

另外，API 版本管理也是一个重要问题。API 供应方若想在满足所有利用 API 的企业需求的基础上进行版本更新是不可能的事。如果由专业平台运营商利用 API Management 产品或 API Gateway 产品，替 API 供应方进行多个版本的 API 管理，那么 API 供应方无须使用多余的资源就能公开 API。在这期间，越来越多的企业会纷纷公开 API 程序，其中支撑其分工进程的平台业务将会进一步扩大。

---

1 Open API Initiative 的缩略语。2015 年 11 月 5 日，由 3Scale、Apigee、Capital One、Google、IBM、Intuit、Microsoft、PayPal、Restlet、SmartBear Software 等牵头，为了推进 RESTful API 规范的描述格式标准化而成立的团体。

3. 五年后的利用场景

除了与 Uber、OpenTable 进行 API 合作的 Foursquare 等事先组合好的 API 服务，开始出现结合利用者的现状和目的，动态组合 API 并加以利用的相关服务。例如，如果正在计划纽约旅行，可根据需要从航空公司、Uber、OpenTabel、Foursquare、Broadway 等开放式 API 中进行自由组合利用。

另外，基于 API 的平台业务规模也会不断扩大，上述 API 的动态组合模式只需利用 API 平台上已准备齐全的 API 就能实现。

4. 实现目标所面临的主要课题

■ 行业标准的制定

为了实现 OAI 所追求的机器可读的数据记录语言技术，针对接收和发送数据的内容应该制定相关的行业标准。但过去制定的 OFX[1]（金融信息）、IFX[2]（ATM、零售银行）、ACORD[3]（财产损失保险行业）、FIX[4]（证券交易订单及约定）等行业标准的 API 化方向尚未确定。

---

1 Open Financial Exchange 的缩略语，是接收和发送金融数据时使用的数据格式标准。

2 Interactive Financial Exchange 的缩略语，是 Web 服务领域可进行金融交易的数据格式标准。

3 Association for Cooperative Operations Research and Development 的缩略语，是针对保险行业的信息交换的数据格式标准。

4 Financial Information Exchange 的缩略语，在证券交易的买卖订单或约定等前台业务电子化中使用的信息交换协议。

■ 非法访问预防措施

目前，还没有杜绝非法访问的特效药。在限制用户的 API 访问权限方面，IETF[1]制定的 OAuth[2]对防止账户的非法取得等具有一定效果。但仅凭这些技术是无法解决所有非法访问问题的。事实上，彻底杜绝非法访问不可能一步实现，只能采取措施逐步向前推进。

---

1 Internet Engineering Task Force 的缩略语。

2 Open Authorization 的缩略语。

基于IT的综合利用开发新服务

3.1 FinTech

在日本国内，FinTech 能否跨越鸿沟？

- 摘要
  - 日本和欧美在 FinTech 行业的盛行背景、主要客户群、领先服务等方面存在较大差异。
  - 如果日本人的金融理财行为不进行"由储蓄喜好向投资喜好"的彻底转变，那么所谓的社会借贷、机器人顾问等的普及应用是无从谈起的。
  - 2017 年值得关注的 FinTech 相关技术及服务有开放式 API、区块链、聊天机器人和 RegTech 四大领域。
- 导航图
  - 2016—2018 年：FinTech 普及应用的关键时期；
  - 2019—2020 年：新兴企业的优胜劣汰和非金融企业的加盟；
  - 2021 年及以后：金融机构平台化服务的进一步发展。
- 主要课题
  - 缺乏企业家精神的国民本性

将 Finance 和 Technology 进行组合而产生的 FinTech[1]，自 2015 年年中开始，频繁出现在新闻或电视等媒体中。

2016 年以后，银行法修正案通过、Apple Pay 正式走进日本市场等话题不断，基于区块链技术的实证试验也相继开展。

加上日本金融厅也积极推进 FinTech 的发展，对金融机构来说，这是 2017 年以后不得不持续研究的重要课题。但 FinTech 并不属于 IT 领域，它是源自欧美国家的关键词。金融服务向来都是各国政府严加管制或受金融政策限制的领域，在研究其今后的发展方向时，不能单纯地模仿欧美国家，需要事先充分了解欧美国家和日本的差异，在此基础上探讨日本应有的 FinTech 模式。首先，对欧美国家和日本在 FinTech 方面的差异进行说明。

（1）FinTech 盛行的背景。

欧美国家盛行 FinTech 的最大背景是各大银行所处的市场竞争环境发生了重大变化。例如，在美国，以金融危机为契机，消费者对各大金融机构的不信任感急剧上升，致使消费者开始接受 FinTech 服务商等非金融企业提供的金融服务，对 FinTech 服务商、Apple、Google 等提供的金融服务的抗拒感越来越弱。

另外，在英国，Barclays（巴克莱银行）、HSBC 等四大银行长期独占国内金融市场，导致顾客满意度不断下降。英国政府已经意识到这个问题，且认为促进银行之间的市场竞争有助于提高向国民提供的服务的质量，最终对国内经济增长做出贡献。

为此，政府强力推进使不同银行之间的活期存款转移变得更加容易的金

---

1 有关 FinTech 的概要，请参照《IT 导航图 2016 年版》。

融服务 "Current Account Switch Service"。基于该服务，打算转移银行存款的消费者只需用 7 个工作日就能完成账户转移的相关手续。借此，不屑于提高顾客满意度的银行，将被迫处于随时有可能流失顾客的苛刻的市场竞争环境中。

与此相比，日本国内的金融机构几乎没有受到世界金融危机的影响，消费者对各大金融机构的信任感依然很高。因此，除非发生了严重的事件，他们不会轻易变更银行，而且也有很多消费者对新兴企业提供的金融服务有抵触情绪。同时，日本国内金融机构对 Apple Pay、Android Pay 等金融服务保持合作姿态，并不是一味地抗拒。

在这样的大环境中，目前对各大金融机构造成威胁的反而是 Recruit、Aeon、LINE 等其他领域的竞争对手。例如，通过提供免费通话或聊天服务而备受年轻人喜爱的 LINE，开始提供一种称为 "LINE Pay" 的金融服务，只要是 LINE 认证的朋友，即使不知道对方的银行账户也能免费汇款。最近，除了汇款服务，其还开始涉足电商网站或实体店的支付业务领域，传统金融机构应当关注其今后的发展动向。

（2）主要的目标群体。

在美国，1945—1964 年间出生的人称为 "婴儿潮一代"（Baby Boomer），1965—1979 年间出生的人称为 "X 一代"（Generation X），1980—2000 年间出生的人称为 "千禧一代"（Millennials）。美国金融机构及 FinTech 企业将 FinTech 服务的主要目标群体锁定为千禧一代。因为这一代的人口占美国总人口的 40%左右，其人口规模最大。千禧一代相对年轻，也是擅长使用智能手机、平板电脑的 "数字原生代"，更容易融入数字化时代的潮流。

日本和美国不同年龄段人口构成对比（2016 年）如图 3-1-1 所示。

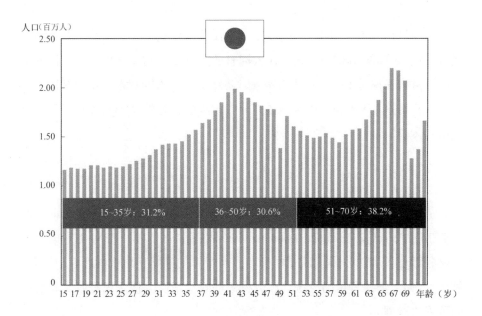

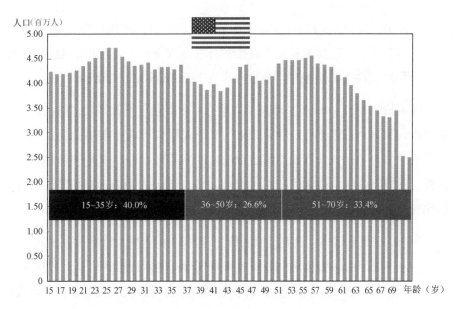

信息来源：由野村综合研究所根据各种资料汇编而成。

图 3-1-1 日本和美国不同年龄段人口构成对比（2016 年）

在高龄化严重的日本，所占人口比例最大的是 51～70 岁的"婴儿潮一代"，占总人口的 38.2%。这一代人拥有的金融资产的规模也最大，日本国内金融机构在探讨 FinTech 战略实施时忽略这一代人的存在是不明智的。因此，除了服务内容本身，还应该在充分考虑终端设备的基础上改善服务内容及用户体验。

（2）日本从 PFM 着手，美国则从另类贷款（Alternative Lending）着手。

从行业分类来看，引领日本国内 FinTech 的是 MoneyForward、Moneytree 等 PFM（Personal Financial Management）服务。在日本，PFM 被译成"个人财务管理"，简单来说，就是面向个人消费者的家庭支出或财产管理工具。利用 PFM，消费者可随时统计和分析家庭收支情况，便于家庭收支和资产的可视化管理。

在欧美国家，引领 FinTech 的是面向个人消费者的市场放贷（P2P 贷款）。在 P2P 贷款中，运营商本身并不直接参与资金放贷业务，其始终以中介的角色运营和维护融资市场平台，典型代表有 Lending Club、Prosper 等。

造成日本和欧美国家之间这些差异的主要因素之一就是法律法规。在日本国内，像 P2P 贷款平台一样，如果一般个人投资者成为直接贷款方，则该情况适用贷金业法。一旦适用贷金业法，除满足资本金、净资产等的相关条件外，还需向内阁总理大臣或都道府县知事备案，并每隔三年进行更新，过程比较烦琐。

所以，在日本国内，没有像欧美国家那样的采用 P2P 贷款业务模式的运营商。大多采用由融资公司向投资者筹集资金，之后直接向借款人提供资金的"社会借贷"模式。但和 P2P 贷款相比，社会借贷模式尚处于启蒙阶段。

除法律规定外，另一个主要因素是日本人对金钱的认识。在日本的家庭金融资产中，股票、债权、投资信托等占 15%左右，存款占 50%以上。与之相比，美国的存款比例仅为 14%左右，债权、投资信托、股票等资产比重超过 50%，与日本形成鲜明对比，如图 3-1-2 所示。

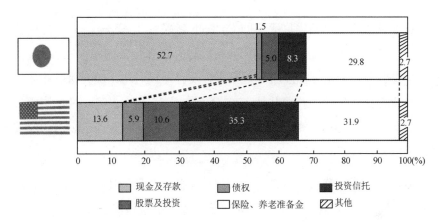

信息来源：由野村综合研究所根据日本银行相关资料整理汇编，2016 年 6 月。

图 3-1-2　日本和美国的个人金融资产结构对比

也就是说，很多日本人倾向于银行存款，愿意承担风险进行投资的人较少。这也是社会借贷未能渗透日本市场的原因之一，同时也是 PFM 更受欢迎的根本所在。换言之，具有鲜明的存款喜好国民性的日本，相比于伴有市场风险的社会借贷等 FinTech 服务，确认银行账户资金的进出情况、管理购物记录的 PFM 服务更受欢迎。

只要上述这种情况不发生改变，即金融行为不发生"从储蓄喜好向投资喜好"的转变，社会借贷、机器人顾问的普及应用也难以实现。

1. 应用案例

在这里，介绍两个有效促进消费者"从储蓄喜好向投资喜好"转变的美国新兴企业的相关服务。

▪ Acorns

总部设在美国加利福尼亚州的 FinTech 新兴企业 Acorns，专门提供搜集信用卡和借贷卡可用金额中的零钱并自动进行最佳投资的相关服务。具体来说，零钱小于 1 美元时直接用零钱投资，没有零钱时用 1 美元进行投资。例如，消费者在咖啡馆的花费共计 6.85 美元，当其支付 7 美元时，该服务自动把剩余的零钱（0.15 美元）用于储蓄，当这些零钱的累计金额达到 5 美元时就可以进行投资。

Acorns 公司选择投资 ETF（上市投资信托）产品，根据投资组合方法分为"保守型""积极型"等五个类别。"保守型"的投资组合如图 3-1-3 所示。在该类投资组合中，Acorns 结合用户的投资目的、短期运营还是长期运营等投资喜好自动确定并调整投资方式。

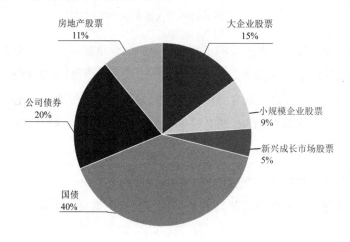

信息来源：由野村综合研究所根据 Acorns 相关资料整理汇编。

图 3-1-3 "保守型"的投资组合

该服务的运营手续费是每月 1 美元，储蓄额超过 5000 美元时将收取总金额 0.25% 的年费。这比普通的投资顾问的服务费低很多。

通过这种方式正式进入投资领域的门槛非常低，即使手头上没有多余的资金，也可以利用平时的零钱慢慢积累，这一点非常具有吸引力。

在日本国内，从 2017 年起，FinTech 新兴企业 Wealth Navigator 面向住信 SBI 网络银行用户提供与 Acorns 相同的服务。希望该举措能成为促进日本人"从储蓄喜好向投资喜好"转变的契机。

■ RobinHood

2013 年成立的美国 RobinHood 公司是一家专门提供免费进行股票交易的智能手机应用程序的证券公司。该公司提倡降低证券交易门槛，实现普通大众也能入场"金融市场"的目标。该公司旗下没有分店，只提供智能手机应用程序，就连针对桌面电脑的相关服务也没有；无须投入店面成本或大规模的 IT 系统维护成本；尽可能排除人为操作，无须打奢侈的广告。通过这一系列措施，实现了手续费的全部减免。那么，RobinHood 公司的收益来源是什么呢？那就是进行信用交易时产生的利息和顾客预存的资产带来的利息。

之前，以低手续费作为卖点的网上证券公司有很多，但完全免除手续费的证券公司未曾有过。在美国，即便是 E*Trade、Schwab、Scottrade 等标榜超低费用的服务，单笔交易的手续费也在 7～10 美元。

免除手续费对传统证券公司来说是一种挑战，但降低证券交易门槛还是相对容易的，如果在日本推出类似的服务，将会产生很大影响。

2. 相关技术概要

针对 2017 年应关注的 FinTech 相关技术和服务，列举以下四个例子进行简单说明。

1）开放式 API

2015 年 12 月公布的金融审议会《关于决算业务高度化的工作小组报告》提出，通过金融机构、IT 相关企业、金融行政部门等的加入，从安全等角度出发，设置研究开放式 API 技术的战略部会，并在 2016 年完成相关报告的整理。在该提案的指导下，2016 年 10 月，全国银行协会成立了"开放式 API 相关研讨会"。

欧盟理事会于 2015 年 11 月通过的第二次支付服务指令（Payment Service Directive 2，PSD2）的发展方向成为重要的风向标。PSD2 要求截至 2018 年 1 月，所有欧盟成员国要在其国内开展法制化建设，要求银行对外公开标准化 API，以便第三方能够访问银行所有的交易数据。

结合上述的欧盟现状及金融厅对 FinTech 的积极态度，日本国内将 API 公开纳入法律义务范畴的可能性较高。随着 PSD2 的正式成立，信用卡 Acquirer（加盟店管理运营商）、Issuer（发卡公司）等传统支付业务运营商很有可能被踢出局，将会受到重创性打击，有必要关注其今后的动向。

在 API 标准化研究方面，虽然英国的"Open Banking Working Group"、德国的"Open Bank Project"目前处于领先水平，但从事金融服务相关国际标准化管理的 ISO/TC68、OpenID Foundation 的 Financial API WorKing Group 也开始着手研究该问题。结合这些标准化研究的情况，建议日本国内金融机构提前做好对外公开 API 的相应准备。

2）区块链

"如果把基于区块链构思的分散式总账管理业务运用到银行业务中的话，到 2022 年有望节约的银行业务成本每年达 150 亿～200 亿美元。"

Santander 银行旗下的风险投资顾问公司 Santander Ventures 于 2015 年 6 月对外发表"The FinTech 2.0 Paper"，该报告提出了上述令人震惊的调查结果。以此为契机，全球各金融机构都认为区块链蕴藏着丰富的可能性，试图通过向有潜力的新兴企业出资等方式进一步了解这一颠覆性技术。自 2016 年以来，这一趋势并没有停止，国际汇款、银团贷款等不同领域的实证试验逐步开展，欧美金融机构针对区块链的主要应对措施（2016 年）如表 3-1-1 所示。

表 3-1-1　欧美金融机构针对区块链的主要应对措施（2016 年）

时间	金融机构	应对措施
2016 年 2 月	JPMorgan	与 Digital Asset Holdings 合作，邀请该公司 2200 名客户开展利用区块链技术的伦敦和东京之间的国际汇款业务验证
2016 年 3 月	Bank of America	正式启动利用区块链技术的贸易金融验证试验
2016 年 4 月	Barclays	利用 R3 CEV 的 Corda 平台，进行基于智能合约的衍生交易试验
2016 年 4 月	John Hancock	在波士顿实验室开展与 KYC（Know-Your-Customer）相关的实证试验
2016 年 8 月	MetLife	加入由 R3 CEV 倡导的组织团体，对贸易金融表示关心
2016 年 8 月	Bank of America、HSBC	与新加坡信息通信开发厅合作，正式启动贸易金融相关的实证试验
2016 年 10 月	Wells Fargo、ANZ	构建银行之间可共享的分散式账本平台，测试实时跨境支付等业务
2016 年 10 月	Aegon、Allianz、Zurich、Munich Re、Swiss Re	公布将成立以区块链技术在保险业务中的应用为目的的倡议"B3i"，并在今后逐渐开展相关实证试验

信息来源：野村综合研究所。

日本国内的金融机构也无例外，除野村证券和住信 SBI 网络银行外，2016 年，日本交易所集团（JPX）等也纷纷开展在证券市场中的股票发行、交易、支付、股东管理等一系列流程中能否使用区块链技术的评估。同时，Mizuho Financial Group 也针对银团贷款、支付、国际汇款等多项业务进行实证试验，其对实证试验的重视程度令人瞩目。

银团贷款、贸易金融等涉及很多交易方，且相关手续比较耗时的业务同"相关当事人之间分散管理共用台账"的区块链的匹配度非常高。因此，不仅日本，海外金融机构也纷纷开展实证研究，其实用化的实现指日可待。

另一个即将迎来实用化的是国际汇款和支付业务领域。2016 年 9 月，美银美林集团、加拿大皇家银行、Santander 银行等 6 家国际著名金融机构联合公布成立基于 Ripple 公司区块链技术的世界首个国际银行间汇款集团"GPSG"（Global Payment Steering Group）。GPSG 被称为"SWIFT 2.0"，其领先于当前由 SWIFT（国际银行同业间通信协会）垄断的国际支付市场，致力于构建先进的国际支付网络。

日本国内也出现较大变化。横滨银行和住信 SBI 网络银行等作为发起人，于 2016 年 10 月成立了"利用区块链技术的国内外外汇一元化管理研究机构"，并着手研究利用区块链技术的全新的汇款及支付服务。

该研究机构将以区块链技术为基础的 Ripple 公司的国际汇款服务"Ripple Connect"引入日本市场，并于 2017 年 3 月正式启动以实现国内外外汇一元化管理为最终目标的支付平台"RC 云"，其示意图如图 3-1-4 所示。该支付平台除能满足国内外汇款需求外，原则上能提供 24 小时不间断服务，有望进一步降低国内外汇款所需的手续费。

作为国内汇款系统，有 1300 多家国内金融机构在使用的"全银系统"，受到消费者的认可。虽然不会马上用新的平台替换有良好业绩的全银系统，但对国内金融机构来说，能有多项选择并不是一件坏事，关键在于有多少银行愿意引进该系统。

3）聊天机器人

聊天机器人的应用范围不仅包括 FinTech，还包括零售业、流通业、服务业等多个领域。

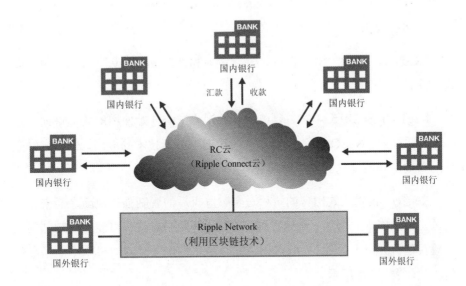

信息来源：由野村综合研究所根据 SBI 集团公布的相关资料汇编而成。

图 3-1-4 "RC 云"示意图

在金融领域中的应用场景，就是当顾客用自然语言下达"请告诉我账户的存款余额""向某某汇款 1 万日元"等业务指示时，按照该指示与后台系统协调，妥善处理相关业务。除此之外，还能在发现不正当行为时及时通知顾客，以及根据所处地理位置发送优惠券等，聊天机器人有时会主动采取行动。

聊天机器人在金融机构中的应用尚处于黎明阶段。但随着 2016 年 10 月美国银行对外公布将从 2017 年正式引入聊天机器人"Erica"等，机器人的社会关注度日益提高。该 Erica 系统通过分析每位顾客每月的银行卡使用情况，提出最佳还款方式。美国银行特别强调，该系统最大的好处就是能够根据每位顾客的交易内容，提供 24 小时不间断的"一对一"顾问服务。

虽然日本国内有很多金融机构正积极摸索人工智能技术在客服中心的应用，但大规模的客服中心还有望实现投资效果，小规模客服中心则很难实现。应根据具体情况认真考虑是否要引进聊天机器人。

4）RegTech

"RegTech"是由"Regulation"（管制）和"Technology"（技术）组合而成的词。

RegTech 是 2015 年左右以美国和英国为中心开始使用的新关键词，意味着"通过云、NoSQL、人工智能、区块链等最新技术的应用，促进金融监管的高效率和高度化的金融解决方案"。

RegTech技术正式出台的背后是金融危机后的管制强化及随之而来的金融机构合规成本的增加。一旦管制应对措施不到位，就有可能被管制部门处以数百亿日元以上的处罚。欧美国家的金融机构则面临应对成本不断增高的问题，如表 3-1-2 所示。

表 3-1-2　欧美金融机构应对合规和管制所需的人员和成本

金融机构名称	应对合规及管制所需的人员和成本
摩根大通	2013 年，新增合规业务员工 4000 人，为了应对政府管制，追加投资 10 亿美元
德国银行	2014 年，针对法律法规应对措施追加成本 13 亿欧元。 其中，5 亿欧元为临时或一次性成本，4 亿欧元为未完工的管制项目相关费用，剩余的 4 亿欧元是为应对新增管制要求的人员及附加税等追加成本
Citigroup	2014 年，约 17 亿美元投入政府管制和合规应对成本追加项目中
UBS	2014 年，为应对管制花费 9 亿瑞郎，其中 4 亿瑞郎是永久性投资
HSBC	2012 年，因洗钱事件被处罚金 19 亿美元，以此为契机，增设合规专员。截至 2015 年 5 月，拥有超过 7000 名专业员工

信息来源：野村综合研究所。

围绕金融机构的管制范围不断扩大，其管理对象的数据也越来越详细。在已知的处理期限内，要求金融机构快速应对各种复杂的管制问题。而RegTech 正是能够满足这些需求的技术，以风险管理、KYC 等为中心，美国和英国已陆续出现了一些初创企业。

对与海外进行交易的国内金融机构来说，这并不是事不关己的事，应当及早开始做准备。

3. 导航图

如图 3-1-5 所示为 FinTech 相关技术导航图。

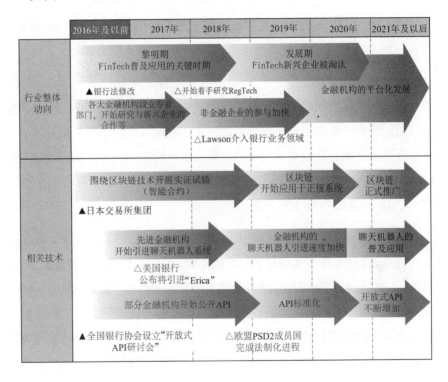

信息来源：野村综合研究所。

图 3-1-5　FinTech 相关技术导航图

■ 2016—2018 年：FinTech 普及应用的关键时期

自 2015 年下半年开始，FinTech 在日本国内迅速兴起，随着 2016 年 5 月 25 日通过了"银行法"修正案及 Apple Pay 正式走进人们日常生活等相关话题的不断出现，FinTech 的发展热度依然不减。

虽然欧美国家的金融机构率先涉足 FinTech 领域，但日本国内也以各大银行为首，奋力追赶欧美金融机构，甚至有赶超态势。各大银行、地方银行、证券公司、保险公司等金融机构纷纷向美国硅谷派人，以挖掘当地具有潜力的新兴企业或与之建立合作关系。

另外，向 FinTech 新兴企业的投资或与其的合作也以提供 PFM 服务的 Money Forward、云会计软件供应商 freee 为中心得到了大力推进。不仅各大银行，地方银行也积极推进与新兴企业的业务合作，而且该趋势还将持续。

然而，以银行为代表的金融机构所处的大环境并不十分乐观。受负利率金融政策的影响，赚取利差变得越来越困难。如果目前的负利率政策继续执行，由于无法预期资金收益，银行内部经费压力将会进一步加大，也将无余力对 FinTech 研究进行长期投资。对着手研究 FinTech 的金融机构来说，2017—2018 年是取得具体成果的时期。

从技术层面来看，对聊天机器人的研究持续火热。在欧美国家，除了前面提到的美国银行，还有美国运通、加拿大 TD 银行等积极引进聊天机器人。在日本，三菱东京 UFJ 银行也在该行的 LINE 官方帐号 "KANAHEI SAN" 中嵌入 IBM 的 "Watson" 系统，针对客户提出的与银行服务相关的模糊提问进行意图分析并进行合理解答。将来，还将开发以在线形式为顾客推荐最佳金融商品的 "e 理财规划师"，其应用领域会进一步扩大。

在区块链领域，2016 年的各种实证试验还会继续，2017—2018 年，利用程序记录合同内容，通过在区块链中记载条款，可自动实施和执行合同的 "智能合约" 实证试验将会盛行。

在智能合约领域，两个当事人之间的交易可实现 "买方订购商品并支付货款，买方确认收到商品后，货款自动汇至卖方账户"；"在房地产买卖过程中，当满足一定条件时，款项支付和产权交割会自动同时进行"，也可以说自动实现"托管功能"。由于合同以程序的形式执行,能够有效避免诈骗。另外,由于过去的合同执行情况全都被记录并公开,即便采取了不正当手段,也会很快被发现。

■ 2019—2020 年:新兴企业的优胜劣汰和非金融企业的加盟

2015—2016 年,日本国内对 FinTech 的期待已达到高峰,随着 2017—2018 年取得的具体成果,该期待可能逐渐减弱。目前的 FinTech 热潮在本质上还是以金融机构及向金融机构提供系统的 IT 新兴企业为中心不断展开,普通消费者的参与感较弱。

在日本,考虑到智能手机的普及率、普通民众的金融素养、人口结构与欧美国家的差异,以及日本人对金融服务的态度向来比较保守,所以除了前面介绍的促进"从储蓄喜好向投资喜好"转变的应用程序,如果不同时采取金融教育等长期对策的话,目前的状况不会轻易发生改变。

因此,如果该服务最终未被消费者认可,FinTech 如昙花一现般宣告结束的话,有可能会出现因资金链断裂而悄然消失的创业公司。

在欧美国家,已经开始出现曾被媒体大肆宣扬、得到当地政府大力支持的 FinTech 企业被迫停止经营的案例。例如,曾开发出把多张信用卡、借贷卡等银行卡整合成一个卡式钱包的美国创业公司 Stratos,该公司的服务理念极具魅力,但商品设计并不理想,尚未等到市场普及,资金链就出了问题,该公司自 2015 年 4 月开始提供相关服务,但仅过了短短半年时间就陷入了被迫停止经营的困境。

另外,2007 年在伦敦正式成立,专门提供智能手机支付服务的 POWA Technologies 于 2016 年 2 月正式停止运营。该公司的核心产品"Powa Tag"是一款提供智能手机支付功能的应用程序,从 2015 年 9 月开始在日本市场提供服务,包括餐饮店在内的 50 多家店铺采用该系统。该公司是一家曾成功筹集资金 2 亿 2000 万美元、一度创造了市价最高纪录 27 亿美元的独角兽企业。作为伦敦 FinTech 行业的代表，英国前首相大卫·卡梅隆也对其抱有很大期望，但随着迁入高额房租的新办公室、加快海外市场开拓等，其资金周转出现了严重问题。

为了生存，初创企业开始积极摸索与知名金融机构的合作或与同行业企业之间的业务合作，以增强企业竞争力。在日本，2015 年 12 月，Money Forward 和提供机器人顾问服务的 "Money-design" 公司正式公布，双方达成了资本业务合作意向。这类 FinTech 初创企业之间的合作将会不断增多。

在初创企业开始被淘汰的同时，非金融企业将加快进军金融服务领域的步伐。2016 年 8 月，Recruit Holdings 对外公布，作为新业务模块，将正式启动面向中小企业的融资业务。具体来说，就是利用 Recruit Group 所有的交易数据（商务数据）等资源，构建在线完成从融资申请、资格审核到最终汇款的所有手续的服务平台，并于 2017 年夏天正式开始运营。

2016 年 11 月，Lawson 与三菱东京 UFJ 银行合作，共同成立了以涉足银行领域为目标的准备公司。2018 年 8 月，Lawson 银行正式成立。将来，其将像已取得金融厅的业务许可并取得较大成功的 SEVEN 银行那样，试图取得便利店和银行的融合效果。

另外，日本国内金融机构开始对外开放 API 资源。假如针对金融机构，法律规定其须对外公开 API，那么以银行为代表的国内金融机构将被迫遵守法律规定。

■ 2021 年及以后：金融机构平台化服务的进一步发展

传统金融机构一旦按照标准化规范对外公开其 API，其他的 FinTech 企业利用这些 API 开发新服务将变得更加容易。传统金融机构将不可避免地因 API 的对外公开而被迫使用 "管道化" 管理模式。

"管道化"一词主要用于通信领域。通信运营商由于无法提供终端设备或相关服务，而不得不专注于通信线路供应的状态称为"管道化"。随着拥有 iPhone 产品的 Apple 公司及通过互联网提供具有吸引力的服务或内容的 Google、Amazon、Facebook 等公司的竞争力越来越强，通信运营商所能提供的服务局限在通信线路中，其市场影响力相对减弱。在智能手机或平板电脑领域，近几年，LINE 等聊天应用程序的影响力也在不断增强，通信运营商陷入"管道化"的局面已是不可避免的现实。

为何通信运营商要极力避免"管道化"局面呢？因为其面临的并不是借助终端设备和通信线路提供的服务在差异化方面的市场竞争，而是围绕"通信线路的质量"和"低廉的通信费用"进行竞争。对通信运营商来说，无论如何也要尽可能地避免在通信费用方面的竞争不断升级的局面。

与通信运营商一样，对传统金融机构来说，所谓的"管道化"意味着银行业务仅局限于账户维护管理。FinTech 企业为了进行汇款或收款及确认账户余额等，需要与银行进行连接，这样一来，很难实现与其他公司的差别化经营。日本的三大手机运营商纷纷经营 iPhone 品牌的结果是失去了消费者的忠诚度。而顾客只要能开设账户，无论选择哪家银行都无所谓，从而使金融机构陷入了与通信运营商一样的境地。

但在日本国内，并不存在试图取代传统金融机构的 FinTech 公司，他们选择的是合作。因此，传统金融机构可通过 API 利用外面极具潜力的服务，凭借平台运营商的优势，维持同顾客之间的关系。也就是说，金融机构的作用将向平台供应的方向转变。

4. 实现目标所面临的主要课题

■ 缺乏企业家精神的国民本性

在通常情况下，新兴企业在开发 FinTech 服务的过程中，在区块链或人工智能等方面的技术水平必须领先其他行业。同时，以 PFM（个人金融管理）等 UI/UX（用户界面/用户体验）为关键要素的服务开发也是新兴企业擅长的领域。

因此，各大银行等传统金融机构应提倡"开放创新"理念，不断探索与具有先进技术的新兴企业的业务合作。

但需要注意的是，日本是一个"创业后进国"。用各国数据就创业活动对国家经济的影响进行实证分析的《全球企业家精神监测研究报告（2014年版）》显示，针对表示创业活动活跃程度的指标"早期创业活动指数"（Total Early-Stage Entrepreneurial Activity，TEA），日本在所有参加该调查的 70 个国家中排在末位，令人非常遗憾。

其主要原因是"对创业者这一职业的评价"比较差且"创业者的社会地位"比较低。在日本，对"贵国大多数人认为创业是令人羡慕的职业"这一观点表示赞同的成年人占总人口的 31.0%，在所有参与国家中排名倒数第二，与其相比，美国的这一比例为 64.7%，英国的这一比例则为 60.3%。而对"在贵国，创业并取得成功的人拥有较高社会地位"这一观点表示赞同的成年人占总人口的 55.8%，在所有参与国家中排名倒数第九，与其相比，美国的这一比例是 76.9%，英国的这一比例则是 75.0%。

总体来说，和 Money Forward、Money Tree 等 PFM 企业或 freee 等进行合作的金融机构比较多，但很难列举以后会出现的具体企业。另外，即使举办与 FinTech 相关的创意马拉松、黑客马拉松或商业竞赛，出席的企业也都是老面孔，毫无新鲜感。

　　最近，日本国内金融机构试图终结这一状况，开始向海外 FinTech 创新企业寻求合作，但由于商业习惯、语言障碍等，还是希望同日本本土的新兴企业合作。

　　缺乏企业家精神的问题并不是一朝一夕就能改变的问题，日本国内的 FinTech 企业能力不足的现状还将持续一段时间。因此，日本国内金融机构若想寻找有潜力的 FinTech 企业，需要将具备必要的金融知识、外语熟练、沟通能力强且对先进技术敏感的高端人才派往美国硅谷。

InsuranceTech 潮流

通常在提到 FinTech 时，很多人认为其是面向银行或证券提供的服务（狭义 FinTech），但从广义角度来看，其还包括保险业。有时将保险领域的 FinTech 称为"InsuranceTech"，以加以区别。和狭义的 FinTech 不同，InsuranceTech 不仅包括创业企业提供的服务，还包括各大保险公司利用数字技术提供的新型保险服务。

从技术整体的发展趋势来看，与如雨后春笋一般，新兴服务不断涌现的银行或证券业务用的 FinTech 相比，InsuranceTech 的服务种类有限，其主要服务涉及的五大领域如图 3-1-Z1 所示。

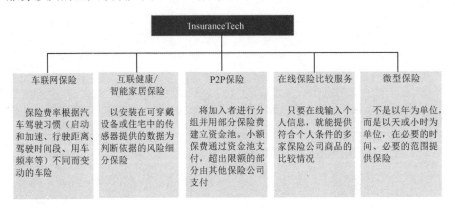

信息来源：野村综合研究所。

图 3-1-Z1　InsuranceTech 主要服务涉及的五大领域

下面对车联网保险中的按里程付费车险、互联健康/智能家居保险、P2P 保险和微型保险进行简单说明。

■ 按里程付费车险

2011 年成立的美国 Metromile 公司是一家提供"Pay-per-mile 车险"的 InsuranceTech 企业。顾名思义，Pay-per-mile 车险就是按照里程数确定保险金，每行驶 1600 公里，保险金会定量增加，其是车联网保险的一种。

传统车险的保险金以签约者的年龄、车型、事故记录、使用目的、居住地区、每年行驶距离（3000km 以下、3000～5000km、5000～10000km、10000km 以上）等为依据，采用一刀切的方式进行确定。行驶距离指标采用预测值且仅划分为四个区间，如果签约时预计行驶 1 万公里，但实际仅行驶 3000 公里的话，也不会返还多余保险金。

Metromile 公司称 65%的签约者支付了过多的保险金。也就是说，现在的车险相当于由不经常开车且行驶距离较短的签约者承担部分行驶距离较长的签约者的费用，是非常不公平的。Metromile 公司从该问题着手，认为行驶距离较短的签约者应支付较少的保险金，从而开发出根据实际行驶距离确定保险金的按里程付费车险。

首先，Metromile 公司向签约者免费发放称为"Metromile Pulse"的小型无线通信终端设备。该设备用来测量签约者的汽车的实际行驶距离，只需将其插入方向盘下方的 OBD[1]-Ⅱ插口即可。之后，该装置会自动测量每天的行驶距离，并通过网络将相关数据发送给 Metromile 公司，在该过程中使用了物联网相关技术。

之前也有像美国前进保险公司提供的驾驶行为联动型保险"Snapshot"那样，搜集驾驶时间段、驾驶频率、急刹车、突然加速等各种信息并在信息分析的基础上降低保险金的车险，但 Metromile 的车险仅以行驶距离为依据

---

1 车载电脑诊断装置。

来确定保险金，采用简单易懂的"基本保费+行驶距离保费（每行驶 1 英里增加 3.2 美分）"的形式。

基本保费、单位行驶距离保费和传统车险一样，都是根据申请人的年龄、车型、驾龄、信用卡记录[1]等基本信息而定的。例如，对于基本保费为 30 美元的签约者，如果其一个月的行驶距离是 500 英里的话，那么当月的保险金就是 46 美元。另外，按英里收费的每天最高行驶距离为 150 英里（约 240km），超出 150 英里的部分免费。Metromile 公司的测算结果显示，对全年累计行驶距离不足 1 万英里的车主来说，和传统车险相比，平均能节省 40%左右的费用。例如，对全年累计行驶 4000 英里（约 6400km）左右的车主来说，大约能节省 480 美元的费用。

在日本国内，2015 年 2 月，索尼损失保险开始以那些很少紧急启动或急刹车的"温柔驾驶"的车主为对象，提供可返还保费的汽车险。其利用由该公司免费出借的特有小型测量仪来监测加速、减速情况（驾驶行为特性）。若想获得返现，用户必须连续 180 天以上把小型测量仪装在中控台上方或换挡杆附近，且有效监测车辆行驶情况 10 天或连续 20 小时以上。根据监测结果，用户最高可获得年保险费的 20%的返现。

■ 互联健康/智能家居保险

互联健康保险的灵感来自根据签约者的驾驶行为特性调整保险费的车联网保险，其根据签约者的健康情况调整生命保险费或给予某种激励政策。

简单来说，一般认为过着健康生活的签约者得病的可能性相对低，从而对其设定较低的保险费，将通过可穿戴监测设备得到的签约者每天的运动量及睡眠时间等作为判断依据。

比较著名的应用代表是法国知名保险公司 AXA。该公司将 Withings 公

---

1 房贷等还款记录。

司生产的可监测步数、心跳、血液中的氧含量、睡眠周期等指标的仪器（价格约为 99.95 欧元）免费发放给 1000 名志愿者，并进行数据记录。一个月后，为每天平均步数超过 7000 步和超过 10000 步的用户分别提供价值 50 欧元和 100 欧元的接受治疗（放松疗法、水疗、顺势疗法等）的优惠券。

WHO（世界卫生组织）建议，为维持身体健康，要确保每天走一万步以上。实际上，法国保险行业的相关调查结果表明，适度运动可有效降低的风险系数为脑中风 25%、糖尿病 34%、乳腺癌 16%～39%。AXA 公司通过一定方式激励签约者每天走一万步以上，从而减少其因患病支付的保险金额。

■ P2P 保险

德国 Friendsurance 公司提供的 P2P 保险服务是将具有一定关系的加入者（亲朋好友等）通过互联网组成一个小组，风险由小组内部共同分担，从而实现节省保险费的目的。P2P 保险服务结构示意图如图 3-1-Z2 所示。

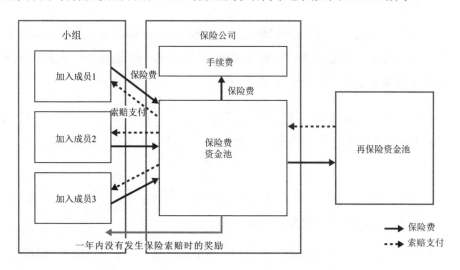

信息来源：野村综合研究所。

图 3-1-Z2　P2P 保险服务结构示意图

（1）小组代表向小组成员收取保险费，并将一部分保险费放入小组资金池予以保留。

（2）小组代表将剩余的保险费支付给保险公司。

（3）针对小组成员的保险索赔，小额部分由小组代表利用小组资金池支付。

（4）超过资金池额度的部分，由保险公司支付保险金。

（5）如果小组成员在一年内没有进行保险索赔，年底保险公司最高能返还当年保险费的 50%。

（6）一年内有保险索赔的，相应部分从返现额度中予以扣除。

（7）如果小组当年的保险金支出总额超出保险公司根据其保险费收入计算出的限额时，超出部分由再保险公司承担。

P2P 保险的主要优势有以下几点。

（1）由于是召集周边的亲朋好友（如通过 Facebook）加入小组，故可减少不正当索赔现象的发生。因为每次申请保险索赔后，返现金额就会相应减少，如果有人进行不正当索赔的话，难免会受到亲朋好友的责难。

（2）加入保险时选择的对象都是不会有不正当索赔行为的可靠的亲朋好友，并且这些人也不会经常有索赔行为，可有效降低支付金额和减少保险索赔次数。

（3）节约人工成本。小额索赔直接通过小组资金池进行支付，可减少保险公司负责处理保险索赔业务的员工数量。

（4）可以以较低的成本获得客户。小组规模越大，资金池规模也相应越大，返现金额也有可能越多。无须投放昂贵的电视广告，小组成员都会为了增加新成员而积极向周边的亲朋好友宣传。

综上所述，P2P 保险模式对用户和保险公司都有很大好处，Friendsurance

公司的客户数量目前以每月新增 20% 的速度快速增长。

■ 微型保险

微型保险分为以个人物品为投保对象的财产保险和汽车险两种。之前也有仅针对旅游期间的医疗保险等，而微型保险是将适用范围扩展到财产保险和汽车险领域。以汽车险为例，企业可以以借用朋友汽车的两个小时为保险期来提供保险产品。虽然日本国内也有类似的保险服务，但微型保险的主要特点是通过智能手机应用程序，只需几分钟就能完成购买保险的相关手续。

在这里，主要介绍在日本国内尚不存在，以个人物品为投保对象的微型保险产品，以总部在加利福尼亚州丹维尔的创业公司 Trov 为例。该公司主要提供针对特定物品进行投保的微型保险。

Trov 公司原本提供的是二手商品市场行情的相关服务。例如，用户想出售自用车辆、住房或者相机、电脑等二手商品时，先确认市场行情，以便看准出售时机。该公司利用通过这项服务所积累的各种物品价格行情数据提供保险服务。

Trov 公司保险服务的主要特点是可通过智能手机应用程序轻松投保。用户只需输入拟投保商品的生产商、型号等相关信息及用户本人的相关信息，Trov 就能根据对应商品的二手市场价格算出保险费，随后用户只需选择投保期限即可。保险索赔手续也非常简单。在投保商品被盗窃或破损时，可利用安装在应用程中的"聊天机器人"（类似 LINE 聊天系统）完成申请手续。

Trov 公司的主要目标群体是千禧一代。传统保险申请流程比较烦琐，而且无法针对任意商品、任意期限进行投保。起初，Trov 公司认为对那些已经习惯利用智能手机预约出租车、订披萨等的年轻一代来说，这种能轻松使用的保险服务是具有一定吸引力的。

从 Trov 的业务模式来看，它并不是实际承接保险合同的承接商，而是在保险公司和用户之间发挥中介作用的保险代理商。通过智能手机应用程序，从用户利益角度出发，只提供申请或索赔辅助事务，承担金融管制履行义务的也是与之合作的保险公司。

对与之合作的保险公司来说，可通过 Trov 提供的智能手机应用程序获得顾客，特别是可吸引千禧一代的年轻消费群体。Trov 除了和澳大利亚最大的保险公司 Suncorp 集团进行合作，还同 AXA 合作，进军英国市场。

这种微型保险的市场需求到底有多大？相信不久的将来，在日本国内，被解禁的民间住宿中介服务（以 Airbnb 为代表的个人自有住房住宿中介服务）将会出现较大的需求。外国游客等在短期住宿期间，利用财产工具对重要物品进行投保。把自有房屋借给从未见过的人本身就需要勇气，若利用该保险服务的话，可以在某种程度上降低风险。未来，一些民间住宿中介服务商将与 Trov 合作，一起提供相关服务。

3.2 数字货币管理

改变传统金融服务的全新关键词

- 摘要
  - 作为下一代的金融资产管理方案，"数字货币管理"这一新兴关键词开始备受瞩目。
  - 数字货币管理作为金融领域的核心服务，从有效增加顾客接触点、实现与其他公司的差异化经营等角度来看，应该由金融机构自己提供。
  - 随着智能机器人顾问的不断发展，数字货币管理的业务咨询功能将从原来的基础投资组合业务咨询向实现投资目的的资产管理业务咨询转变，其咨询范围可能会超出现有范围。
  - 训练智能机器人顾问往往需要大量的基础数据和时间，应及早着手进行。

- 导航图
  - 2018 年及以前：黎明期——日本的先进金融机构开始提供 PFM、BFM 服务；
  - 2019—2020 年：发展期——机器人顾问的服务范围进一步扩大；
  - 2021 年及以后：普及期——数字化管家出台。
- 主要课题
  - 各种数据和服务的 API 业务的出台

作为下一代金融资产管理方案，"数字货币管理（Digital Money Management）这一新兴关键词开始受到关注。数字货币管理由针对个人用户的记账软件 PFM（Personal Financial Management）、针对中小企业经营者的财务管理软件 BFM（Business Financial Management），以及提供金融资产组合管理和咨询服务的金融资产组合管理组成。其中，PFM 和 BFM 是收集客户信息的入口，根据收集的信息给出适当建议，数字货币管理的组成如图 3-2-1 所示。

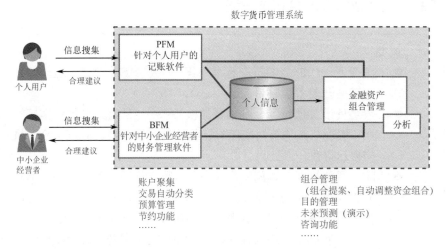

信息来源：野村综合研究所。

图 3-2-1　数字货币管理的组成

在功能方面，数字货币管理具有集中不同金融机构的账户并进行统一管理的"账户聚集功能"、自动分类账户交易内容的"交易自动分类功能"、推荐金融资产组合的"咨询功能"、预测未来金融资产价值的"演算功能"等。

尤其是其中的 PFM 和 BFM 所具有的交易自动分类功能给罗列的文字或数字赋予"属于支出还是收入"，支出项目"是还款还是餐饮费、水电费等"，以及"是资产还是负债"，如果是资产的话，"是现金还是股票"等具体含义，作为基础平台为提供合理建议发挥重要作用。

在日本，目前大多数 PFM 服务是由 FinTech 新兴企业提供的，但这些服务应被定位成金融机构的核心服务，由金融机构自己提供。

应当重视数字货币管理的原因主要有以下四点。

（1）增加营销机会/交叉营销。

在 PFM 或 BFM 服务领域，通过账户聚集功能，可对客户（个人或企业用户）在多个金融机构开设的账户进行统一管理。通过分析客户的整体财务状况，向其推荐合适的投资商品或贷款，以及再融资服务。

（2）节约成本。

过去，为了收集能够整体掌握客户财务状况所需的信息，往往需要由金融机构派专员到客户那里进行访问。但由于这些措施需要花费很多成本，所以只针对部分客户进行，如图 3-2-2 所示。与之相比，如果能提供 PFM 或 BFM 服务，这些信息搜集工作就能自动完成，可向更多的客户提供高品质的金融服务。

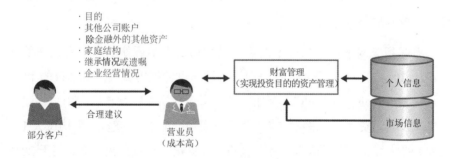

信息来源：野村综合研究所。

图 3-2-2　传统金融服务业务

（3）留住顾客，提高忠诚度。

可以增加与客户直接接触的时间，从而提供更加合理的建议，只要能够有效提高顾客满意度，就有望留住顾客并提高其忠诚度。

（4）信用风险管理。

通过 PFM 或 BFM 系统，可实时收集个人和企业用户的财务情况和经营情况，并随时分析其信用风险，提供合理提案。例如，针对因未及时还贷而有可能被信用降级的用户，如果是个人用户，可催促其还款；如果是企业用户，则可向其提供调整经营现状的建议。这些信息，除了用于金融商品的营销，有时为了避免不必要的风险，"故意不推销"金融商品也是一个选择。

1. 应用案例

■ USAA——借助储蓄提案，改善年轻消费者的还债行为

USAA 是主要针对退役军人提供服务的联合企业集团，总部设在德克萨斯州圣安东尼奥。目前，该公司向客户提供各种全新服务，凭借优质的客户体验而被大众熟知。

考虑到美国年轻人几乎不储蓄，借款后迟迟不还款的也大有人在的现状，从 2014 年 11 月开始，该公司针对这一群体推出提供储蓄建议的 PFM 试点计划"Savings Coach"。例如，针对每天多次光顾咖啡店的用户，建议适当减少其消费次数。最终，在 4 个月内成功增加 12 万美元（平均每人 150 美元）的储蓄额并有效改善了还款情况。根据这一试点结果，该公司于 2015 年 7 月正式推出了"Savings Coach"服务项目。

■ Paychex——利用 30 多种算法，防范企业用户风险

Paychex 是一家总部设在美国纽约州罗切斯特，截至 2016 年 5 月，拥有以中小企业为中心的 60 多万客户的业务外包领导企业。其主要以云服务的形式，为客户提供工资、纳税、人事、招聘、员工福利、会计、支付业务、贷款、经费管理等企业经营活动所必需的 BFM 等业务服务。

因此，Paychex 公司只需对在服务过程中搜集到的数据进行分析，就能了解特定企业的经营及财务状况。对此，该公司在风险、战略、经营和营销四大领域，利用 30 多种算法对系统内的数据进行实时分析。2015 年，在多达 2700 多万笔的结算交易中，成功防止了高达 320 亿美元的风险暴露[1]。

中小企业是 Paychex 的主要客户，中小企业的经营业绩也直接影响 Paychex 的业绩。如果中小企业因企业经营情况恶化而倒闭的话，Paychex 也将失去该客户。Paychex 公司的核心业务是提供业务服务，原本无须提供企业客户的业务风险分析服务，但通过该服务可轻松获得客户企业的相关数据，所以 Paychex 将服务内容扩展到了风险分析领域。

如上所述，提供 PFM 或 BFM 服务的企业不仅可以掌握顾客的资产信息，甚至连个人消费或企业经营情况也能掌握。如果能充分利用这些信息，不仅可以提供与金融相关的咨询服务，还能以较低的成本为个人和企业提供更加个性化的咨询服务。

金融也可以看作是客户实现购房、环游世界等某一特定目的的一种手段。基于这种观点，从真正意义上来说，为客户提供有助于实现其目标的建议或提案，仅凭传统的金融服务是远远不够的。

USAA 公司在其运营的网站中除了提供房产检索服务，还提供搬家及家居安防服务商的介绍服务。针对"购买房子"的客户需求，除储蓄或贷款等传统金融服务外，该公司还和其他行业合作，为客户提供多方位服务。USAA 案例可以看作是结合客户生活方式或生活舞台，提供深度咨询的数字货币管理的发展形态，未来数字货币管理服务示意图如图 3-2-3 所示。

当然，日本国内金融机构不太可能马上提供像 USAA 一样的服务。即

---

1 风险暴露是陷入风险的意思。也就是说，预计原本会出现相当于 320 亿美元的破坏性风险，结果事先成功防止其发生。

便如此，公司在自己提供可搜集个性化咨询服务所需的必要信息的 PFM 或 BFM 服务方面，应尽早着手研究。

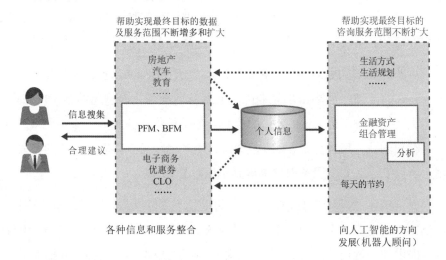

信息来源：野村综合研究所。

图 3-2-3　未来数字货币管理服务示意图

2. 相关技术概要

■ 机器人顾问

若想借助 PFM 或 BFM 系统自动搜集到的个人信息来自动提供合理建议，机器人顾问相关技术的跟进是必不可少的。现阶段的大多数机器人顾问，首先会要求客户回答年龄、有无投资经验等简单的问题，之后从事先预备好的多个投资组合方案中推荐一个最符合问卷调查结果的组合方案，可提供相对简单的顾问服务。即使是参照"目的型资产管理"[1]流程的目的投资型机

---

1 目的型资产管理是 20 世纪 90 年代中期在美国兴起的一种财富管理手段，顾问面对面地确认客户的投资目的，并为实现该目的为客户提供运用计划，并根据需要不断调整。目的型资产管理中的目的并不是指投资回报率达到百分之多少，而是指"想改建房屋""想给子女或孙子留教育基金""等老后过什么样的生活"等，个人差异比较大。顾问针对目标测算所需资金并确定实现该目标所需的资金运用方式。

器人顾问，其提供的方案也是根据调查问卷的答案来确定的。

传统顾问业务和机器人顾问服务的比较如图 3-2-4 所示。

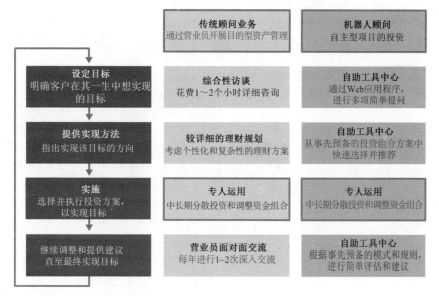

信息来源：野村综合研究所。

图 3-2-4　传统顾问业务和机器人顾问服务的比较

传统顾问业务通常由营业员花费 1～2 个小时对客户进行综合提问，并提供符合每个客户的、非常详细的规划和建议。顾问服务内容也并不局限于投资组合。机器人顾问不会在一夜之间代替传统顾问业务，而是会随着技术的不断进步，逐渐接近传统顾问业务的水平。

将来，机器人顾问技术将朝着如图 3-2-5 所示的方向发展。

第一代技术：主要根据简单提问的结果提供投资组合方案，在资金运用方面也局限于定期调整资金组合。

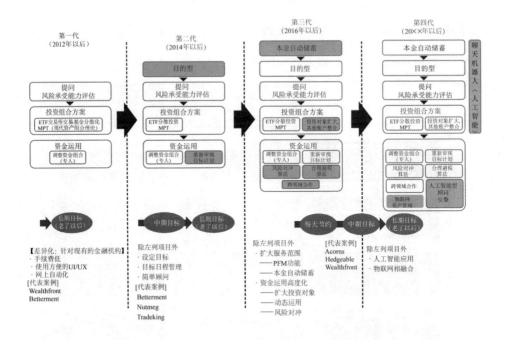

信息来源：野村综合研究所。

图 3-2-5　机器人顾问技术的发展趋势

第二代技术：首先设定目标，并提供实现该目标所需的投资组合方案。在资金运用方面，在定期提供投资报告（季度运用报告等）的同时，提供可实现最终目标的投资建议。例如，当难以实现设定的目标时，给出应临时投资多少或应将每月投资额增加多少等具体提案。

第三代技术：提供可与 PFM 协调、自动储蓄投资本金的功能。在资金运用方面，出现合理避税或控制风险的算法、通过跨行业合作（与零售等）实现 CLO（Card Linked Offer）[1]的相关服务，开阔投资者视野的功能不断完

---

1 CLO：针对持有特定信用卡（贷记卡或预付卡也可以）的会员，由指定店铺发放优惠券，当使用了该优惠券并且在指定店铺使用指定卡进行消费时，按照优惠券上标明的条件（如消费总额达到 5000 日元以上时打 9 折等），在日后给予返现的服务。

善。但顾问业务范围仍局限于提供投资组合方案。

第四代技术：为和营业员花费 1～2 个小时进行综合提问取得相同的效果，将引入人工智能聊天机器人。利用人工智能型顾问引擎，顾问服务将向负债、避税、居住地选择等投资组合以外的领域不断扩展。

2017 年上半年，美国 FinTech 新兴企业正式推出可代替营业员（人类顾问）开展业务（目的型资产管理）的人工智能机器人顾问。该人工智能机器人顾问在利用 PFM 功能掌握客户财务情况的同时，利用市场数据分析功能掌握金融市场趋势、政策动向、税收制度，甚至还能掌握房地产价格、汽车价格等零售市场价格行情。在此基础上，针对每一位客户，在最恰当的时机提供最佳提案。其封闭测试已结束，结果也非常理想。不久的将来，或许还能处理过去由营业员负责的目的型资产管理以外的业务。

为了实现这些服务，人工智能技术的发展是非常必要的，但同时基于人工智能的学习的方法更加重要，而且这些方法并不是一朝一夕就能获得的。预计这类机器人顾问将会在 2019 年以后开始普及应用，但金融机构应及早着手准备。

3. 导航图

数字货币管理技术导航图如图 3-2-6 所示。

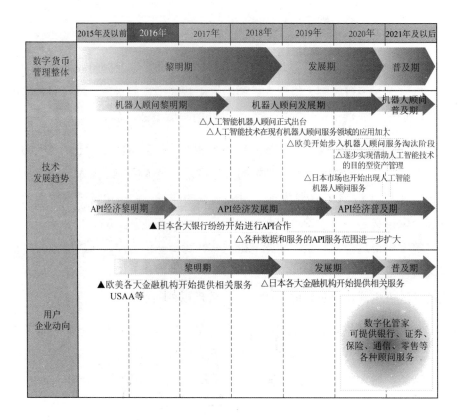

信息来源：野村综合研究所。

图 3-2-6 数字货币管理技术导航图

■ **2018 年及以前：黎明期——日本的先进金融机构开始提供 PFM、BFM 服务**

欧美金融机构在其各自的官方网站上提供 PFM 和 BFM 服务。例如，登录 USAA 网络银行或智能手机应用程序，利用账户聚集功能可查看 USAA 之外的金融机构的账户信息。

但截至 2016 年年底，在日本国内几乎没有一家金融机构在自己的官方网站上提供 PFM 或 BFM 服务。虽然也有部分机构通过和 FinTech 新兴企业合作，在由新兴企业提供的应用程序中以标贴公司名称的形式提供，但明明是自己的客户，为什么不使用公司网站，而使用新兴企业的应用程序呢？这个问题需要认真考虑。如果在官方网站上也能确认其他金融机构的账户信息，而且比新兴企业的应用程序还要好用的话，估计客户也不会选择使用新兴企业的应用程序。另外，将 PFM/BFM 这么重要的顾客接触点委托给 FinTech 新兴企业，真的是明智之举吗？

在欧美市场，随着 FinTech 新兴企业的不断成长，"银行效用"遭到质疑。银行和 FinTech 新兴企业开展业务合作，可以积极推动 PFM/BFM 服务。再则，如果把顾客接触点委托给 FinTech 新兴企业，顾客和金融机构之间的接触点就会减少，顾客所能享受的价值也会降低。到那时，顾客可能会毫不犹豫地选择其他金融机构。欧美各大银行之所以能够在 FinTech 新兴企业不断崛起的环境中顺利维持现有业务，是因为其坚持不懈地在自己的传统渠道中提供与 FinTech 新兴企业同等或更佳的顾客体验。

期待日本国内也能出现在自己的官方网站上提供优于 FinTech 新兴企业的 PFM 和 BFM 功能服务的金融机构。

■ 2019—2020 年：发展期——机器人顾问的服务范围进一步扩大

2017 年，日本国内的机器人顾问大多停留在第二代的水平，和美国相比，落后了近 3 年。

随着第四代服务的正式出台，除了各类证券公司和资产管理公司，机器人顾问还会开始大量应用于银行、保险、通信服务商的金融商品等相关业务。同时，和提供商品或服务的零售企业的合作也将全面展开。

■ 2021 年及以后：普及期——数字化管家出台

随着第四代机器人顾问服务的不断成熟，顾问服务的范围也进一步扩大，就像私人银行针对超级富豪提供专业服务一样，将提供"数字化管家"服务。

4. 实现目标所面临的主要课题

■ 各种数据和服务的 API 业务的出台

USAA 或提供人工智能机器人顾问服务的 FinTech 新兴企业，为了由机器人提供原本由营业员提供的目的型资产管理顾问服务，除了客户的财务信息和金融市场数据，还会积极利用汽车价格、房地产价格等各种市场数据和相关服务。在美国，由于这些市场数据和服务是由专门处理这些信息的新兴企业以 API 形式提供的，因此，USAA 等金融机构或新兴企业无须自行搜集或进行数据处理。

例如，房地产相关数据可利用 CoreLogic 公司提供的相关服务来获取，汽车市场价格则可由 TRUECar 公司提供。其中，TRUECar 公司以日本和欧美共 35 家汽车制造商为对象，用户可查询所在地经销商的销售价格。如果 USAA 等金融机构及新兴企业自行处理这些数据，往往需要花费巨大的时间和金钱成本，导致无法快速提供相应服务。

在日本提供相同服务时，是否存在这些市场数据和服务的 API 供应商将会成为一个主要课题。

3.3 数字物流

基于数字技术的物流变革的新开端

- 摘要

  - 由于多方利益相关者的介入，依然保留很多传统习惯的 Logistics 领域也开始出现人工智能（AI）、机器人、共享经济等新兴技术和服务，将掀起新一轮变革。
  - 随着以电子商务、全渠道为首的流通业态的变化及物流服务水平的不断提高，小批量、高频率的运输需求不断增加，但同时面临着生产及物流等第一线劳动力不足和社会老龄化的问题。
  - 作为提高业务效率和缓解劳动力供给不足的解决方案，全球各地都积极探索机器人或小型无人机的产业应用。另外，基于物联网技术的供应链可视化，产生了物流市场交易、共享经济等新业务。
  - 随着物流数据平台的不断完善，利用 AI、机器学习技术的数据分析高度化进程进一步推进，将进一步促进无人机或无人车的配送自动化、制造全自动化。
- 导航图
  - 2017—2018 年：物流中心及仓库中的机器人应用进一步推进；
  - 2019—2020 年：AI 和机器学习技术在物流领域中正式应用；
  - 2021 年及以后：制造及物流作业的全自动化。
- 主要课题
  - 推动新兴业务创新的制度的制定
  - 数据平台的进一步完善和数据标准化

提到"Logistics"时，估计很多人会想到"物流"。物流一词来自"Physical Distribution"直译的"物体的流通"，其并不仅仅是物体本身的搬运，主要由运输、装卸、储存、包装、流通加工和信息管理 6 部分构成。相比之下，Logistics 来自表示"后勤、后方支援"的军事用语。这一概念被应用于企业经营活动并逐渐被赋予"根据顾客需求，有效地统筹实施采购、生产、物流、销售和废弃"的内涵。可以说，Logistics 是除物流外，还将采购、生产等也纳入其管理对象范围的更广义的新概念。

由于多方利益相关者的介入，Logistics 领域依然保留着很多传统习惯或纸质操作。但 AI、机器人、共享经济等新兴技术和服务的不断成熟，正有力地促进其新一轮的变革。该变革的背后有以下几点原因。

一是以电子商务为代表的流通形态的变化。公益社团法人日本通信贩壳协会的相关调查结果表明，日本国内的通信贩壳市场规模自 1998 年以来已连续 17 年持续增长，近十年的年平均增长率为 6.9%，2015 年市场规模达到了 6.4 万亿日元。随着智能手机的日益普及，不受时间和场所限制，随时都能利用电子商务服务，实体零售企业成为全渠道战略中的一环，也开始不断加强电子商务业务，市场规模不断扩大。随着该市场规模的不断扩大，货车快递数量也迅速增多，如图 3-3-1 所示。

二是随着物流服务水平的不断完善，小批量、高频率运输需求不断增加。对于次日送达或当天送达等服务，缩短从接收订单到配送所需的时间成为实现差异化经营的关键，物流服务的市场竞争正逐步加剧。

从 2015 年 11 月起，Amazon 在日本国内提供在接收订单后 1 个小时内完成送货的会员收费服务"Prime Now"（在美国，是从 2014 年 12 月开始提供该服务的）。乐天也从 2015 年 8 月开始提供称为"RAKUBIN"的类似服务。另外，在制造领域，为了提高生产和库存效率、快速应对市场需求等，在采购和产品出库两方面的小批量、高频率运输需求不断增多。

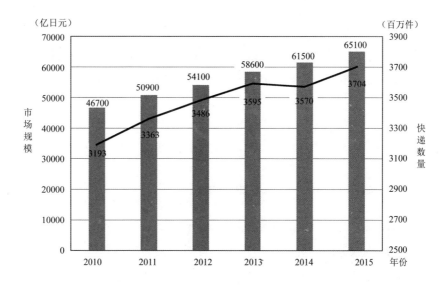

信息来源：野村综合研究所根据公益社团法人日本通信贩壳协会的"2015 年度通信贩壳市场营业收入调查"和国土交通省"2015 年快递交易情况"的相关数据编制而成。

图 3-3-1　日本通信贩壳市场规模及货车快递数量

三是劳动力不足和社会老龄化。日本的劳动力人口正逐年减少，劳动强度大且工资较低的行业越来越难招到员工。特别是制造业和生产线上的劳动力不足的问题非常严重。另外，道路货物运输行业的劳动力老龄化问题也值得关注。国土交通省及厚生劳动省的相关调查[1]结果显示，40～55 岁劳动力人口比重的全行业平均值为 34.1%，而道路货物运输业的这一比重为 44.3%，比平均值高 10 个百分点。另外，年轻人和女员工的比例也较低。29 岁以下劳动力比重的全行业平均值为 16.4%，而道路货物运输业的这一比重仅为 9.2%；女员工比重的全行业平均值为 43.0%，而道路货物运输业的这一比重仅为 2.4%，从中长期的发展来看，其老龄员工的比重将会持续提高。

---

1 国土交通省和厚生劳动省"货车司机的人才保障及培养问题"（2015 年 5 月 28 日）。

如今，流通形态和物流服务的市场需求正在发生变化，劳动力的老龄化不断加剧，为了应对这些变化，Logistics 各领域不断创新利用数字技术的全新措施或服务。下面，主要介绍物流领域的数字化（数字化物流）案例。

1. 应用案例

■ 物流版本 Uber——"Cargomatic"

总部设在美国洛杉矶的初创企业 Cargomatic 是一家专门为货主和货车司机提供对接服务的中介公司。货主在智能手机的应用程序或 Cargomatic 网站上输入想要发送的货物和发货地址后，系统可实时显示报价及预计的取货和配送时间。货车司机作为"搬运者"，在 Cargomatic 系统上注册后，可通过专用的智能手机应用程序接收订单。对货车司机来说，可提高货车装载率和利用率；对货主来说，可以以较低成本快速送输货物。这可看作是利用智能手机提供出租汽车服务的 Uber 的物流版本。

除了 Cargomatic，提供类似服务的还有其他几家公司。例如，总部设在美国洛杉矶的 Transfix 专门提供 Full Truckload（整车）长距离运输业务的对接服务。另外，英国伦敦的创业公司 Nimber 专门以个人货主和个人搬运者为对象，提供 CtoC 对接平台服务。货主在 Nimber 网站上登记拟发送的货物内容、送货地址、送货期望时间段等信息，由可承接该业务的搬运者进行回复；货主确认日期、费用及对搬运者的评价等信息后选择委托方。由于附带可最高赔付 500 英镑的保险，所以用户都能放心使用该服务。

除了货物配送服务，对外租赁个人或企业的闲置资产的中介服务（共享经济及 Marketplace）开始出现。总部设在美国西雅图的 Flexe 公司积极开展有效利用仓库空闲空间的"按需仓库电子市场"业务。该公司与美国和加拿大的 400 多个仓库签订合同，用户可以以托盘为单位利用仓储空间（但会设定最低利用条件：一个月 50 个托盘或 500 美元）。利用该服务，用户可根据仓库所在地或所需空间大小等条件快速检索所需的仓库，仓储公司可有效利用空闲空间。这可看作是 Airbnb 的物流版本。

▪ DHL：利用供应链 AR 技术的可视化拣货系统

2016 年 8 月，DHL 集团在全球范围内首次对外公布，在提供综合 SCM 服务的 DHL 供应链系统中引进已在荷兰成功运用 AR 技术的 "Vision picking" 系统。该公司提供的拣货系统会在作业人员穿戴的眼镜上显示拣货商品及该商品的存放位置，如图 3-3-2 所示。智能眼镜是 Google 公司和 Vuzix 公司的产品，可实现拣货作业的自动化，提高作业效率，降低失误率。该公司的验证结果表明，利用该系统，作业效率提高了近 25%。

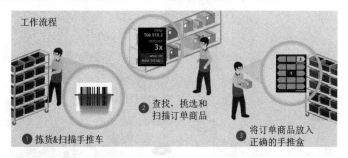

信息来源：DHL 公司新闻（https://www.dhl.com/en/press/releases/releases_2016/all/logistics/dhl_rolls_out_global_augmented_reality_program.html）。

图 3-3-2　DHL 供应链的可视化拣货系统

在日本，日立制作所、村田机械、West Unitis 等公司开始提供 AR 解决方案，正逐渐推进其在制造和物流领域的实际应用。

▪ 机器人在物流仓库中的应用

虽然工业机器人广泛应用于制造工厂的生产线等，但其在物流仓库中的应用还是有限的。随着物流处理量的不断增加，人手不足的问题也日益凸显，从而促进了机器人在物流仓库中的应用。例如，在 Amazon 物流中心内运行着近 45000 台机器人，它们协助货物分拣人员，把货架自动搬运到货物分拣人员的身边，方便其进行分拣。德国银行的相关报告称，该公司通过引进机器人，成功地把仓库运营成本降低了约 20%。

日本国内也开始出现同样趋势。日立制作所研发的无人搬运机"Racrew"（见图 3-3-3）和 Amazon 公司实际使用的机器人一样，属于搬运商品保管架的物流仓库用机器人。通过利用机器人代替拣货人员进行相关作业，在减轻作业人员劳动压力的同时，还能缩短作业时间。同时，无须另设拣货通道，可有效利用仓库空间。Racrew 系统除了被日立集团下的日立物流中心成功引进，还被专卖工具的电商 MonotaRO 公司的关东物流基地采用。

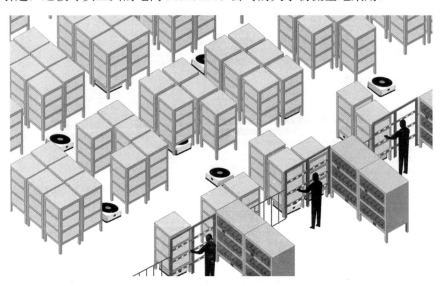

信息来源：由日立制作所提供。

图 3-3-3　日立制作所研发的无人搬运机"Racrew"示意图

另外，Nitori 集团的物流子公司 Home Logistics 则采用把准备入货的商品集装箱堆积起来，利用安装在顶部的机器人代替人类进行出入库管理的下一代自动出入库及储存管理系统——"Auto-Store"系统（见图 3-3-4）。

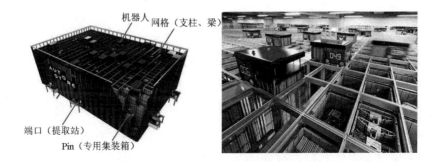

机器人　网格（支柱、梁）

端口（提取站）

Pin（专用集装箱）

信息来源：岗村制作所新闻稿（2014 年 8 月 29 日、2016 年 3 月 11 日）。

图 3-3-4　Auto-Store 系统示意图

Auto-Store 系统是由挪威的 Jakob Htteland Computer 公司开发的产品，与岗村制作所合作，在日本国内进行销售。利用该系统，可使堆放的集装箱之间无多余缝隙，操作员无须来回走动来提取商品，可节省通道空间。与过去的平铺式货架相比，只需三分之一的空间。另外，只需追加机器人或 Grid（支柱或梁）就能不断扩张系统规模或提高处理能力，也是该系统的特点之一。据 Home Logistics 介绍，通过引进 Auto-Store 系统，出货效率提高至原来的 3.75 倍，库存面积减少了约 40%。

2. 导航图

本节简单介绍在实现数字化物流过程中比较重要的新技术和新服务。

■ 实现供应链流程可视化的海运物联网服务

在进出口原材料或商品时，海洋运输所占的比例较大。在全球贸易运输中，约 90% 以上是利用船舶运输的。但在海运业务中，很多时候无法掌握货物所处的位置等，和陆运相比，其信息可视化程度非常低。因为海运业务通常涉及货主、运输公司、代运公司、港口运输公司等多个利害关系者，而且海上的网络环境（卫星通信网的利用情况等）相对落后。目前海上运输领域也开始出现数字化创新趋势。

美国创业公司 Weft 在集装箱上安装特有的追踪装置，提供可在全球范围内显示物流情况的解决方案。Weft 公司的追踪装置载有温度、湿度、光线、振动、臭氧、化学物质、GPS、陀螺仪等各种传感器，以及卫星通信、手机网络（3G/2G）、Wi-Fi、Bluetooth 等通信设备，可实时掌握运输中的集装箱的位置或状态变化。通过这些设备，能够及时检测集装箱因故障或碰撞等出现的破损及滞留的港口等信息，并通知用户可能或已经出现的问题。

除此之外，海运大亨 A.P.Moller-Maersk 和美国 AT&T 公司合作，着手研究可实时监控冷藏集装箱物流状态的系统。

物联网技术在海运领域的应用并不局限于集装箱状态的监控。商船三井公司把由三井造船和日本海事协会共同研发的下一代发动机状态监控系统"CMAXS e-GICSX"应用到实务船舶中。该系统通过对装在引擎上的传感器收集的海上和陆上气候数据进行双重分析，实现异常情况检测、最佳航线规划、航线日程管理等功能。海上网络环境的高速化和稳定化、物联网平台的进一步发展将有助实现"理所当然"的海运可视化进程，促进全新的高附加价值服务的创新。

■ Logistics 领域中 AI 及机器学习技术的应用

2015 年成为行业热点的 AI 及实现 AI 有效方法之一的机器学习开始走入 Logistics 领域。

有望在该领域得到普及的应用之一就是应用于物流中心、仓库的拣货机器人。在物流中心或仓库，由于需要提取的物品大小、形状、摆放方法都不同，因此需要具备高准确度的识别和控制技术。这一点和已在工厂广泛使用的工业机器人有很大不同。

美国 Amazon 公司从 2015 年开始举办在规定时间内，利用机器人把放在货架上的食品或服装等物品取出并装箱的技术竞赛"Amazon Picking Challenge"。在 2016 年的竞赛中，很多获奖的团队使用了深度学习技术。

AI 及机器学习技术在 Logistics 领域中的应用除了这些"识别"功能，还向"预测"方向不断扩展。除零售店的 POS 数据、库存数据、降价或促销数据外，美国创业公司 NextOrbit 还把天气、宏观经济趋势、人口动态、SNS 等公开数据作为输入数据，利用机器学习算法进行处理并提供缺货预测方案。

另外，在日本国内，朝日啤酒公司利用机器学习技术进行新商品需求预测。在这之前，该公司主要参照刚刚上市或销路情况比较类似的商品，结合老员工的经验进行新商品的市场需求预测，但经常发生次品或不良库存问题。针对这些问题，该公司开始进行利用机器学习技术提高预测精度的相关研究。利用商品正式上市后 4 个星期的销售数据进行销售预测，预测值和实际值之间的误差在 10%左右。

随着 Logistics 数字化进程的推进，各种数字信息不断聚集和积累。未来，利用 AI 或机器学习技术，从数字数据中挖掘有利于业务发展的信息的模式会进一步推进。

■ 利用小型无人机、送货机器人或无人驾驶技术的配送服务

Amazon 公司曾在 2013 年提出对于 5 磅（约 2.3kg）以内的货物，在接收订单后 30 分钟之内送达的"Prime Air"设想。之后，Google、DHL、美国 7-Eleven、乐天等众多企业开始尝试无人机配送模式。2016 年 11 月，Domino 披萨和澳大利亚的无人机厂商 Flirtey 合作，开始在新西兰提供披萨的无人机快递服务。在国外，以人口密度不高的地区为中心，由业务试行阶段逐渐过渡到实际服务阶段，但依然存在冲撞回避技术的进一步成熟、无人机运行管理体系的进一步完善、无人机功能标准及安全标准的确定、商务应用法律法规的进一步完善等诸多课题。由此可见，这类服务的正式提供最快

也要到 2020 年以后。

在地面上自动行走的送货机器人也开始投入运用。由 Skype 联合创始人成立的美国创业公司 Starship Technologies 研发了可通过摄像头进行监控的自动配送机器人，如图 3-3-5 所示，相关人员可通过摄像头对其进行监控。

信息来源：Starship Technologies 的 Facebook 公众号（https://www.facebook.com/starshiptech）。

图 3-3-5　Starship Technologies 研发的自动配送机器人

在该送货机器人第一次经过道路或交叉路口，以及遇到障碍物时，需要由工作人员进行远程操作，除此之外，该机器人都会自行行走。该公司相关调查结果表明，在伦敦中心区提供按需快递服务时，目前传统服务最多需要 12 英镑左右，但送货机器人一旦得到普及，其成本可骤降到 1 英镑左右。2016 年 7 月起，英国大型食品配送服务商 Just Eat、德国快递公司 Hermes、德国大型零售企业 Metro Group 等展开合作，在英国伦敦、德国杜塞尔多夫、瑞士伯尔尼等城市试行该机器人，另外，还在美国旧金山、华盛顿哥伦比亚特区等地开展针对食物等产品的配送试验。

针对这类在地面上移动的送货机器人，DHL、Domino 披萨、美国创业公司 Dispatch 等企业正在讨论其实际利用问题，期待其在无人机飞行受限的城市得到应用。

自动驾驶技术在货车运输领域的应用也将进一步发展。Otto 是 Uber 旗下专门进行自动驾驶货车研发的一家创业公司，该公司于 2016 年 10 月成功完成了利用自动驾驶货车（见图 3-3-6），将五万瓶百威啤酒从美国科罗拉多州科林斯堡运到科罗拉多斯普林斯的实证试验。在该试验中，除了在市中心时由驾驶员驾驶，从交通枢纽驶入高速公路（约 190km）后一直处于自动驾驶状态。

信息来源：Otto and Budweiser. First Shipment by Self-Driving Truck（https://youtu.be/Qb0Kzb3haK8）。

图 3-3-6　Otto 公司的自动驾驶货车

另外，荷兰于 2016 年 4 月进行了利用无线技术、毫米波雷达技术等，进行后方货车自动跟随并与前方货车保持一定距离的"货车计划"（队列形式自动驾驶）试验。该项试验邀请 DAF Trucks、Daimler Trucks、Volvo 等六家汽车厂商及全球半导体供应商 NXP Semiconductors 参与。"货车计划"不仅可以降低驾驶员的劳动强度，缓解交通堵塞问题，还可以减少跟随车辆的空气阻力，可节约 10%左右的燃油费。

如图 3-3-7 所示是数字化物流技术导航图。

■ 2017—2018 年：物流中心及仓库中的机器人应用进一步推进

随着网购市场的不断扩大，物流中心和仓库中拣取多品种货物的处理量急剧增多。对此，几乎所有企业都疲于人员数量的维持，在这些领域推进数字化改革能有效提升业务效率。

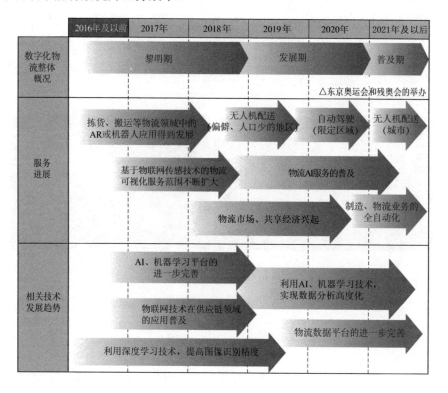

信息来源：野村综合研究所。

图 3-3-7 数字化物流技术导航图

除了前述的物流仓库机器人、机器人仓储系统等大型机器人，还会涌现出一批容易操作的小型机器人。由美国创业公司 Fetch Robotics 研发的自动行走机器人"Freight"，只需利用无线控制器让其在作业区域走一遍，该机器人就能用搭载的三维相机扫描周边环境并制作数字地图。由于可根据自行制作的数字地图来设定行走路线，和那些需要在地面上做标记的无人搬运车辆（AGV）相比，实现更简单，还可以灵活应对路线的变化。

如上所述，根据使用规模或用途，可灵活选择机器人，考虑用机器人代替员工的企业会越来越多。

■ 2019—2020 年：AI 和机器学习技术在物流领域中正式应用

随着 AI 和机器学习技术应用平台的不断完善，图像识别、需求预测的精度不断提高，物流领域中的 AI 和机器学习技术应用也将进入全面普及阶段。

在通常情况下，在 AI 和机器学习领域，学习数据越多，识别或预测的精度就会越高。换句话说，AI 和机器学习技术的应用需要用以积累学习数据的充分时间。因此，全面普及应用的时机也会在这时出现。

另外，可从传感器上实时收集和存储相关数据的"物联网平台"的普及，使实时掌握物品位置或状态成为可能。利用这些数据，只要利用 AI 或机器学习技术确定出现运输延迟概率较高的地区，就能提供速度更快、成本更低的运输路线解决方案。

■ 2021 年及以后：制造及物流作业的全自动化

在 2016 年 4 月 28 日举行的"关于小型无人机环境改善的官民协议会"（议长：内阁官房内阁审议官）上汇总的"小型无人机应用和技术开发导航图"指出，2018 年左右在孤岛和山区，2020 年以后在包括城市在内的所有地区将实现无人机货物配送服务。在自动驾驶领域，2018 年完成卡车队列运输实际测试，2020 年实现在指定区域内的自动驾驶，2025 年左右实现全无人自动驾驶车及远程无人自动驾驶车辆系统的市场化进程。2020 年举办东京奥运会和残奥会时，将向访日外国游客提供无人自动驾驶的交通服务。2021 年以后，这些交通服务将在全国范围内开展。

另外，制造领域的全自动化进程也会得到推动。在国外，制造领域的全自动化战略已正式启动，体育用品制造商 Adidas 在位于德国南部安斯巴赫的总部附近建设了一家全自动制鞋工厂"SPEEDFACTORY"（快速工厂）。该工厂正处于试生产阶段，2017 年正式投入生产。

该公司过去一直在中国、越南等劳动力成本较低的亚洲国家设立工厂进行生产。但除了运输时间较长，还需要加大生产批次等，对难以准确预测市场需求的制衣行业来说，面临着物流方面的问题。SPEEDFACTORY 针对消费者日益多样化的需求，通过在德国境内工厂实现全自动化生产，在以较低成本实现小批量生产的同时，还能实现快速上门送货，2018 年 4 月正式投产。对人手严重不足的日本国内制造行业来说，今后类似的发展趋势将会越来越明显。

3. 实现目标所面临的主要课题

■ 推动新兴业务创新的制度的制定

为了促进共享经济、无人机、自动驾驶等在实际商业活动中的应用，需要重新审视现有的法律制度。

由于涉及的相关法律规定包括货物车辆运送事业法、道路交通法、道路运送车辆法、改正航空法、小型无人机等飞行禁止法、电波法等，国土交通省、经济产业省、总务省、警察厅等相关政府部门和民间团体正在积极探讨。

美国华盛顿哥伦比亚特区于 2016 年着手制定一项有关配送机器人的相关法律 *Personal Delivery Device Act of 2016*。专门提供前述配送机器人服务的 Starship Technologies 公司根据该法律，在华盛顿哥伦比亚特区正式实施配送试验。就像 Uber、民间住宿服务商 Airbnb 一样，开展新兴业务活动时往往需要调整现行法律制度并制定新的规则。从这个角度来看，行政管理部门快速、灵活的法制体系是促进新兴业务或服务创新的关键。

■ 数据平台的进一步完善和数据标准化

在无人机或自动驾驶技术的普及应用方面，民航管理系统或高精度地图数据必不可少。2015 年，德国汽车制造商奥迪、BMW、Dimler 三家公司合作，用 28 亿欧元收购了 Nokia 公司的地图服务 HERE，启动了数字地图业务的国际标准化体系建设。

在日本国内，2016 年 6 月，Zenrin、Pasco、INCREMENT P 等 6 家地图和测量供应商，以及丰田汽车、日产汽车、本田技研工业等 9 家日本国内汽车制造商共同成立了以建立高精度三维立体地图等为目的的 "Dynamic Map Planning 株式会社"。该公司主要制作支撑自动驾驶或安全驾驶的数字地图，积极促进地图规范的国际标准化。

通过完善任何人都能轻松使用的数据平台使物流各领域之间信息相通，成为不断产生新价值的基础。之前，物流领域也朝着标准化、基础设施共通化的方向发展，但尚未实现标准化和共通化的领域依然存在。地址编号和标签等的标准化、信息管理的改善、气象数据和交通数据等的公开也应进一步落实。如今物流领域数字化进程不断向前推进，为了进一步加强日本国内行业的竞争力，数据平台的不断完善和数据的标准化是必不可少的一个环节。

3.4 程序化营销

营销活动的整体优化和自动实施

- 摘要
  - 基于数据自动开展营销活动的"程序化营销"得到行业关注。
  - 程序化营销源于自动投标网络广告的媒体购买（购买广告位）领域。
  - 创意制作、媒体优化等领域也开始流行程序化。
  - 为了实现对全媒体的综合管理，还需要进行综合营销分析。
- 导航图
  - 2016—2017 年：单一媒体内的程序化；
  - 2018—2020 年：媒体之间的横向程序化；
  - 2021 年及以后：全媒体整合管理。
- 主要课题
  - 数据驱动模式的贯彻和人才保障
  - 阻碍媒体横向优化的组织性障碍
  - TV 程序化

在营销领域，特别是数字营销领域，近几年来常被提及的一个关键词是"程序化"。在本书中，我们把"基于数据自动开展的营销活动"称为"程序化营销"。

"程序化"一词最早来自自动投放网络广告的 RTB[1]等统称为"程序化购买"的方法。随后，其自动化对象不再局限于媒体广告位购买领域，还不断向广告创意的自动生成等其他领域扩展。整个营销活动的自动化称为"程序化营销"。

1. 应用案例

除 RTB 外，已取得一定成效的程序化营销案例有以下两个。

■ 蒂芙尼（中国）

高级珠宝品牌蒂芙尼在中国的推广采用根据不同用户，自动发送不同广告内容的营销策略。在中国，TV 节目通过互联网在 PC、平板电脑或智能手机上播放已成为潮流。我们暂时将其称为"在线 TV"。

在在线 TV 领域，由于其播放终端是 PC 等，虽然是 TV 广告，但可以像网络广告一样，根据用户特点自动更换广告内容且可多次播放。

如图 3-4-1 所示，蒂芙尼会自动识别观看节目的用户并自动挑选 TV 广告内容。如果是女性用户的话，前三次会播放强调情感世界的"爱情故事"系列广告片，之后就推送理性地强调高品质的"工匠的技艺"广告；如果用户是男性的话，则从第一次开始就播放"工匠的技艺"广告。

这些自动分类广告策略的使用，取得了以下成效。

● 和没有进行广告分类时相比，点击率增加了 54%；

● 针对女性用户，"爱情故事"+"工匠的技艺"的广告播放量比只播放"爱情故事"增加了 39%。

---

1 RTB（Real Time Bidding）：实时竞价。

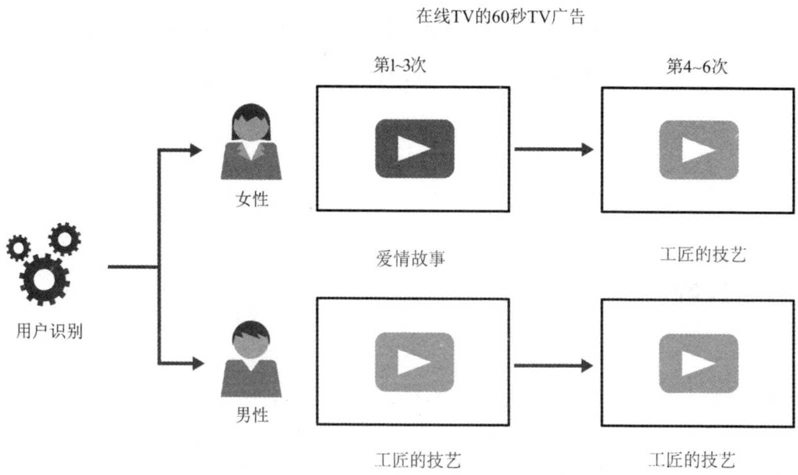

在线TV的60秒TV广告

第1-3次　　　　　　　　　　　　第4~6次

女性

爱情故事　　　　　　　　　　　　工匠的技艺

男性

工匠的技艺　　　　　　　　　　　工匠的技艺

用户识别

信息来源：由野村综合研究所根据 XAXIS 公司发布的资料编制。

图 3-4-1　蒂芙尼（中国）的应用案例

■ O2（英国）

另一个值得一述的是英国手机运营商 O2 公司的营销案例（见图 3-4-2）。

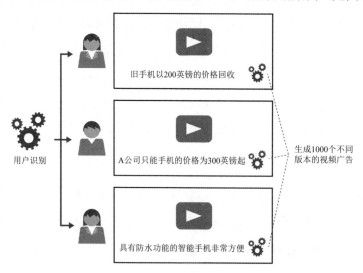

用户识别

旧手机以200英镑的价格回收

A公司只能手机的价格为300英镑起

生成1000个不同版本的视频广告

具有防水功能的智能手机非常方便

信息来源：由野村综合研究所根据 O2 公司发布的资料编制。

图 3-4-2　O2（英国）的营销案例

O2 公司在开展手机以旧换新的促销活动时，推出了结合用户特点，在自有媒体中自动生成视频广告的创意。

该公司结合用户目前使用的手机型号、服务使用情况、所处位置等，针对不同用户，在视频中插入煽动性广告词并自动实时地生成视频广告。煽动性广告词中包括用户现在使用的手机的回收价格、拟推荐的新手机的价格和功能特点等内容，共生成了 1000 个不同版本的视频广告。通过这种方式，广告点击率提高了 28%。

上述两家公司的应用案例都利用了自动更换电视广告内容、自动生成视频广告内容等"程序化"技术，有效提高了广告点击率。

2. 相关技术概要

程序化营销的主要技术要素如图 3-4-3 所示。

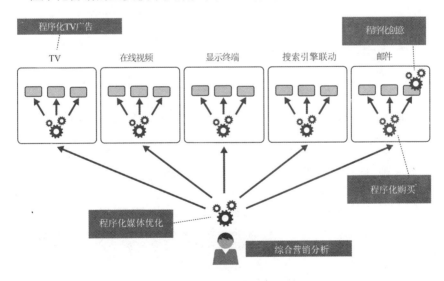

信息来源：野村综合研究所。

图 3-4-3 程序化营销的主要技术要素

■ **程序化购买**

如前所述，"程序化"一词是从以 RTB 为代表的自动化媒体购买（广告位购买）领域发展而来的。RTB 已广泛应用于显示广告或搜索广告领域，其具体功能因 RTB 运营商不同而有所区别。对广告买卖双方来说，和更多的交易方进行自动交易会带来好处，因此，业内已制定出尽可能把更多的交易流程共通化的 OpenRTB 标准协议。如图 3-4-4 所示是 OpenRTB 协议规定的交易流程。

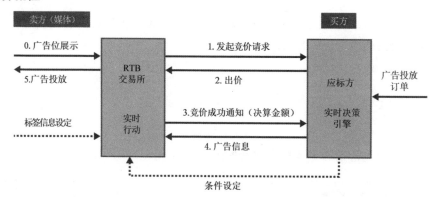

信息来源：https://www.iab.com/guidelines/real-time-bidding-rtb-project/。

图 3-4-4 OpenRTB 协议规定的交易流程

OpenRTB 协议对投放广告的网站特点、投放条件等各类信息的描述方法进行了规定，其对网站分类的描述示例如表 3-4-1 所示。

要实现自动化，就需要将各种信息按照这些非常详尽的要求进行记录。

表 3-4-1 OpenRTB 协议对网站分类的描述示例

值	内容
IAB1	艺术及娱乐类
IAB1-1	图书&文学
IAB1-2	文艺/八卦

续表

值	内容
……	……
IAB2	汽车行业
IAB2-1	汽车零部件
IAB2-2	汽车维修
IAB2-3	汽车交易
……	……
IAB13	个人理财
IAB13-1	投资入门
IAB13-2	信用卡/贷款
IAB13-3	金融新闻
IAB13-4	金融理财
IAB13-5	对冲基金
……	……

信息来源：https://www.iab.com/guidelines/real-time-bidding-rtb-project/。

■ 程序化创意

"程序化创意"是指自动生成符合用户特点的广告创意。

过去，通常采用的是自动交替投放事先准备好的多个广告创意的方法，但当这些创意数量达到几十个时，其管理变得非常复杂，管理成本也会剧增。在此背景下，CMP（创意管理平台）出台，其示意图如图 3-4-5 所示。利用 CMP，在多个创意方案中始终保持符合用户特点的替换用广告内容，在投放时间内自动生成创意方案。

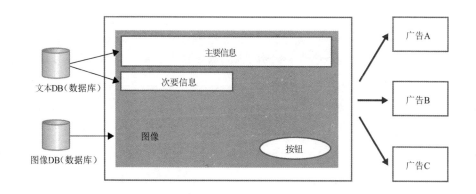

信息来源：野村综合研究所。

图 3-4-5　CMP（创意管理平台）示意图

■ 程序化 TV 广告

媒体购买或创意制作的自动化，从技术角度来看，基于与网络相连的数字媒体相对容易实现。另外，对营销费用较高的 TV 广告而言，其程序化的实现并不是那么容易的，因为其是基于地面波技术的单向传播媒体。

蒂芙尼（中国）的案例之所以能成功，是因为在中国国内，通过 PC、平板电脑等终端播放 TV 节目的在线 TV 非常普及。另外，像美国这样 CATV（有线电视网）非常普及的国家，可利用 CATV 所具有的双向传播功能来识别用户或自动播放 TV 广告。与此相比，日本国内单向电波技术仍是主流，离实现程序化还有一定距离。

如上所述，实现程序化 TV 广告的可能性在国家之间有较大差异。

■ 程序化媒体优化

以下是尚未普及的相关技术要素的情况。

屏幕广告、搜索广告等在同类媒体间的交易自动化已借助 RTB 等得到了快速发展。而超出互联网和 TV 等传统媒体范围，决定最合适的广告投入金额和投放量，按照用户类别自动选择最合适媒体的"媒体优化"尚未有明显进展。

■ **综合营销分析**

实现媒体优化的自动化进程，需要利用针对不同媒体的"整合营销分析"技术。

在媒体分配优化方面，如表 3-4-2 所示，按单个媒体或投放单位进行 ROI（投资效果）分析并据此进行最佳演示，由此计算出不同媒体的最佳分配。但算出该 ROI 值并不容易，需要利用归因分析等高端分析方法。

表 3-4-2　媒体分配优化

媒体种类	单个媒体	投放单位	ROI	最佳分配
TV	A 电缆	节目 A	× . × ×	× × %
	B 播放	播放点 B	× . × ×	× × %
在线视频	视频网站 A	视频 A	× . × ×	× × %
	视频网站 B	视频 B	× . × ×	× × %
显示器	媒体网站 A	广告条 A	× . × ×	× × %
	AD 网络	广告条 B	× . × ×	× × %
检索联动	检索引擎 A	关键词 A	× . × ×	× × %
	检索引擎 B	关键词 B	× . × ×	× × %
……	……	……	……	……

信息来源：野村综合研究所。

另外，为了为每位用户选择最佳媒体组合并自动实施，需要对每位用户进行分析。如图 3-4-6 所示，如果能推测出用户目前正处于客户体验过程（Customer Journey）中的哪个环节，且了解对处于这一环节的用户来说，什么是最佳媒体组合的话，就能实现自动实施。该过程也需要从有限的观测数据中推测用户的不同状态，并利用高端分析方法。

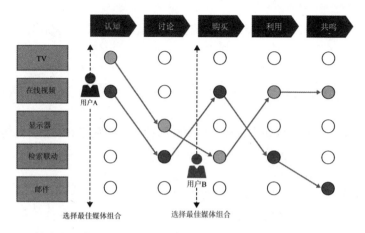

信息来源：野村综合研究所。

图 3-4-6　按用户类别选择最佳媒体组合

3. 导航图

程序化营销技术导航图如图 3-4-7 所示。

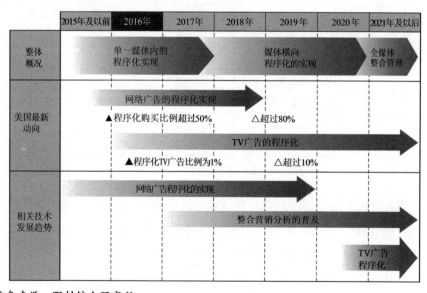

信息来源：野村综合研究所。

图 3-4-7　程序化营销技术导航图

■ 2016—2017 年：单一媒体内的程序化

在这个期间，单一媒体特别是网络广告的程序化进程得到了长足发展。该领域不受地域限制，在美国等地成功应用后，也能在日本国内得以普及。

在美国，广告程序化购买占网络展示广告支出的比例已超过 50%，2018年达到 82.5%。而在日本，该比例也会逐渐提高。

另外，广告创意的自动生成（程序化创意）也将逐步普及。静态横幅广告已成功运用，将来在线视频的程序化创意也将迎来新的高潮。

■ 2018—2020 年：媒体之间的横向程序化

单一媒体内的程序化实现后，将进入不同媒体之间的横向程序化探索阶段。

如前所述，该阶段必须进行整合营销分析。若想实现整合营销分析，需要灵活运用高端分析方法，需要充分利用外部的供应商或解决方案。

■ 2021 年及以后：全媒体整合管理

不同媒体之间的横向程序化发展的最终目的是，整合管理全媒体的"程序化营销"的真正实现。

为此，虽然期待所有媒体都能实现程序化模式，但其中最大的问题是TV 广告的程序化问题。CATV 较普及的美国走在 TV 广告程序化发展的前端。但即便在美国，目前 TV 广告中程序化 TV 广告的占比也仅为 1%，到2019 年才有望超过 10%。

日本的 TV 程序化进程将会远远落后于美国。

4. 实现目标所面临的主要课题

以下为实现程序化营销所面临的主要课题。

■ 数据驱动模式的贯彻和人才保障

程序化营销的很多技术要素都是根据数据找出最佳答案并自动实施的，也就是以数据驱动型运行模式为基础。因此，从事相关业务的人员需要学习数据驱动的相关方法。

但既具有营销相关技能，又能熟练应用数据驱动方法的人才并不是那么容易获得的。通常情况下，建议寻找拥有这类人才且值得信任的外部供应商。

另外，在程序化营销实践的初期阶段，很多时候难以取得预期的结果。这同普通的数据驱动方法一样，需要不断进行积累结果、分析原因、予以完善的重复过程。

■ 阻碍媒体横向优化的组织性障碍

在进行媒体横向优化的过程中，不同媒体的管辖部门各自独立的情况比较多。设有 CMO（首席市场官）职位的公司，一般由 CMO 直属部门负责该业务，但日本企业中设 CMO 职位的比例非常低。另外，营销部门的工作任务大多集中在品牌建立或市场调研等领域，虽然具有投资权限的本土企业也较多，但部门之间的协调工作仍然不顺畅。

能成功打破部门之间壁垒的企业将首先享受媒体横向优化带来的好处。

■ TV 程序化

为了实现最后的目标——全媒体整合管理，TV 程序化是必不可少的一个环节。但如前所述，在主流是地面波电视的日本国内，其发展前景并不乐观。

近年来，Cyber Agent 和朝日电视台共同出资运营的"Abema TV"，因面向智能手机及平板电脑等终端提供与 TV 播放具有相同品质的电视节目网络播放服务而备受欢迎。但 Abema TV 目前的 TV 广告采用的是与节目挂钩的形式，并不是结合用户特点的精准或个性化广告。该服务的技术环境已达到可实现程序化 TV 的标准，但从商业角度来看，目前还无法实现。

如前所述，在日本影响 TV 程序化进程的主要因素并不是技术，而是当前的普及情况及媒体运营商的商业价值判断，预计在未来一段时间内仍然停留在尝试阶段。

CHAPTER 04 第4章

日益重要的安全技术

4.1　恶意软件防范的现状及主要课题

2016 年，大型旅行社顾客信息泄漏事件等恶意软件[1]导致的安全事故不断发生。同时，通过锁死客户终端设备（PC、智能手机、平板电脑等）或给电子文件加密等方式，让用户无法正常使用，以帮助解锁而向用户索要"赎金"等勒索软件引发的案件也急剧增多。

最近，用金钱买卖非法获得的信息资产的事件常有发生，比特币等匿名性高的支付工具的出现，方便了赎金的支付，更是助长了这类事件的蔓延。

另外，能够轻松开发恶意软件的"开发工具" 在市面上广泛流通，因此，新型勒索软件不断涌现。将来，利用这类自定义恶意软件的攻击会越来越猖狂。

本节主要介绍为改变当前现状而出台的最新防范措施。首先，简单回顾一下恶意软件防范技术的发展历程。

1.　恶意软件防范技术的发展历程

1）模式匹配（Pattern Matching）型

从恶意软件本身和通信过程入手，提前定义其样本数据（模式或识别标

---

1 英文为 Malicious Software，以实施不正当且有害行为为目的而制作的恶意软件或恶意代码的统称，包括病毒、特洛伊木马等。

志），利用样本数据检测并阻断恶意软件，传统的恶意软件防范产品多采用此方法。由于需要提前定义样本数据，其适用范围仅限于已经存在的恶意软件，无法检测到未知的恶意软件。另外，恶意软件的数量越多，需要准备的样本数据就越多，非常烦琐。

2）信誉检测型

不分析目标文件本身，而是根据其周边信息进行检测和阻断。例如，把黑名单里的 IP 地址或域名作为一个判断指标（信誉），认为由该 IP 地址或域名发送的文件属于恶意软件的可能性较高。

该方法虽然对未知的恶意软件有一定的防范效果，但有时，某些正常程序因为实际使用较少，信誉评价会偏低，也会导致检测失误，如新的 IP 地址、用户自己制作的文件或特有的应用程序等。同时，为了降低检测失误率，采取补救措施往往需要花费很多时间，这也成为实际运用中的一个难题。

3）行为检测型

在客户终端设备或虚拟环境等被隔离的环境中执行目标文件，根据运行情况来检测和阻断恶意软件。

主要有两种检测方式，一种是在客户终端设备上进行，另一种是在网上设置专用检测环境。由于要根据执行文件后的实际运行情况来判断是否属于恶意软件，所以行为检测型也可以有效防范未知恶意软件。但该方式需要分别执行并分析每个目标文件后才能做出判断，所以处理效率低，时常会有检测延迟的情况发生。另外，最近还出现了可识别是否在虚拟环境的高端软件。

4）复合型

最近，还出现了组合上述多种类型的方法，从而有效提高检测精准度的复合型产品。例如，该产品利用行为检测功能分析文件，文件一旦被判定为恶意软件，就会自动生成样本数据，之后利用模式匹配方式检测相同文件。通过组合多项功能的方式，消除单一类型的缺点。

前面介绍的防范措施是在恶意软件入侵时的检测和阻断方法。但要应对新型恶意软件，仅凭这些措施是远远不够的。因此，除了加强前期的防范措施，还应积极探讨入侵后的应对措施。

下面对一些具有发展潜力的技术领域进行说明，包括锁定有可疑行为的用户并进行恶意软件检测的技术、对疑似病毒感染的 PC 进行隔离和调查的技术、在被隔离的环境下浏览网站的相关技术。

2. UBA（User Behavior Analytics）

1）概要

UBA 是分析用户行为并从中检测威胁的防范技术，也被称为 UEBA（User and Entiy Behavior Analytics）。UBA 系统收集端点、网络、应用程序等事件信息，并以"用户"为中心，利用机器学习方法对这些事件信息进行统计分析并从中检测危害。UBA 的概念产生于 2015 年左右，备受 Hevlett Packard Enterprise、Splunk、Exabeam 等服务商的关注。虽然检测目标多为企业用户的内部犯罪行为，但也可以作为恶意软件防范措施予以利用。

2）部署及运用示例

使用 UBA 技术时无须在用户网络或客户终端设备上安装专用软件，只需将目前使用的软件或设备输出的日志导入 UBA 平台即可。也就是说，无须大量改变现有的使用环境就能轻松使用，这也是 UBA 的突出优点之一。需要收集的日志包括 Active Directory 等用户信息、IP 地址的相关日志、VPN 和 Proxy 等网络设备的日志。当这些日志无法输出时，需要从日志输出和收集着手。UBA 系统示意图如图 4-4-1 所示。

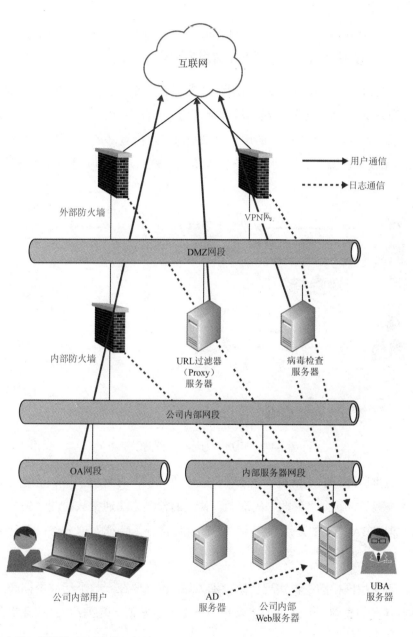

信息来源：NRI Secure Technologies。

图 4-1-1　UBA 系统示意图

另外，SIEM（Security Information and Event Management）[1]系统实现了相关日志的集中管理，所以系统部署更加容易。

所需日志一旦收集完毕就能开始进行分析并定义基准线，即"用户的日常行为特征"。偏离该基准线的活动被视为"非该用户的日常行为"，将其定义为威胁因素，如"无权限的用户登录平时不可能登陆的客户终端设备"或"访问无权限资源"等活动。用户行为特征的检测示意图如图 4-1-2 所示。

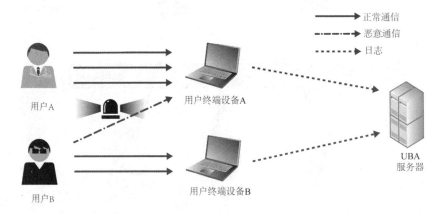

信息来源：NRI Secure Technologies。

图 4-1-2　用户行为特征的检测示意图

这里所注重的是所有"登录了"或"访问了"的活动，并不是单纯指登录"失败"或访问"失败"的活动。传统的检测方法通常只检测"失败"活动。但 UBA 关注的是用户行为"不符合日常行为特征"这一点，不会区分"成功"和"失败"。

若想用同样的逻辑实现传统检测方法，首先要在无数个活动中彻底筛选可能存在的类别，并通过人工操作逐一定义正常值（基准线）。从现实角度

---

1 整合具有保存、检索和分析日志功能的 SIM（Security Information Management）和具有日志实时监控、事件管理功能的 SEM（Security Event Management）的工具。

来看，这是不可能实现的。

前面以用户行为为例对 UBA 进行了说明，如果把用户换成恶意软件的话，将会是什么情况呢？通常情况下，客户终端设备一旦被恶意软件入侵，恶意软件会侦查终端设备或网络的情况，并试图锁住终端设备或转移信息资产。但这些活动同时也会在客户终端设备或服务器设备中留下相应日志，UBA 系统会收集并分析这些信息。其结果就是，该用户终端设备被认定为"存在用户的非正常行为"，从而检测出危害。恶意软件行为的检测示意图如图 4-1-3 所示。

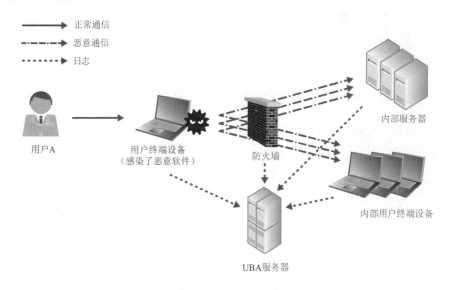

信息来源：NRI Secure Technologies。

图 4-1-3　恶意软件行为的检测示意图

如上所述，UBA 系统的检测不会区分异常是由用户引起的还是由恶意软件引起的，也正因为如此，才能成为恶意软件的有效防范措施。

在日志分析并从中检测危害因素这方面，SIEM 也能实现。但 SIEM 系统在实现过程中需要由人工定义检测危害因素时的判断标准。与此相比，

UBA 系统是利用机器学习功能自动制定基准线并检测危害因素，所以可以大幅节省人力。这也是两者最大的区别。但 SIEM 和 UBA 的兼容性较高。所以，还可以考虑"由人工定义判断标准的部分由 UBA 来完成，以提高运用效率"的应用方法。

3）部署时的注意事项

UBA 通过机器学习检测偏离基准线的异常行为，其优势是可检测出传统方法很难检测出的危害因素。但是，当"授权用户第一次采取正规行为"时，即便行为本身没有恶意，也会被认定为"有别于日常行为"，所以 UBA 有时也会产生误判。

为了减少误判事件的发生，基准线的定义周期应尽可能长一些，并在部署初期采取误判协调机制，以顺利推进系统的部署。

另外，UBA 系统虽然能检测出危害因素，但不具有隔离用户终端设备的功能。因此，使用 UBA 系统时，事先确定检测出危害因素后的行动方案非常重要。

另外，一些产品结合了 UBA 和 SIEM，能够在防火墙处切断发自用户终端设备的通信。结合既有的产品和运维方案来选择产品非常重要。

3. EDR（Endpoint Detection and Response）

1）概要

美国 FireEye 公司 2016 年公布的相关报告[1]表明，企业自遭受安全侵害

---

1 FireEye，"M-TRENDS 2016"。https:// www.fireeye.jp/current-threats/ annual- threat-repot/ mtrends. html。

到发现威胁因素平均需要 146 天的认知时间。虽然和几年前相比，该时间在逐步缩短，但进一步缩短认识时间仍是如今安全防范中的重大课题。为了实现这一目标，需要提高异常现象检测能力和异常现象检测后的调查能力。

在这样的大背景下，多家公司开始提供"EDR"产品，如 FireEye、Cybereason、Tanium、LightCyber、Sliton 等。

Gartner 公司在其报告中预测：2016 年，在企业的信息安全预算中，投入快速"检测和应对"危害措施的比重为 30%，但到 2020 年，这一比重将提高至 60%。可以说，今后的 EDR 需求将会进一步增强。

EDR 是恶意软件防范的最终目标，通过用户终端设备（端点）监控是否存在恶意软件入侵。EDR 也提供发现入侵后的相关功能，如终端设备的隔离及波及范围的调查。Gartner 公司将 EDR 定义为包含四大主要功能的解决方案。

（1）安全事件检测：通常通过两种方法实现，一是监控用户终端设备（端点）的活动、对象等；二是验证由外部提供的入侵痕迹（IOC）。

（2）端点事件封锁：把网络数据流量或流程执行设定为可远程控制。

（3）安全事件调查：调查包括能够判断已发生的技术性变更（文件、注册表、网络、驱动程序、执行活动等）及对商务活动的影响（系统搜索、权限升级、扩散、数据被盗、C&C 服务器的位置信息，可能还有敌对属性）在内的所有主要端点事件的时间表。

（4）将端点恢复到感染前状态的修复：最理想的解决方案是，删除恶意文件并回滚至之前的状态，同时修复其他漏洞。还有一些解决方案通过利用其他工具，制作能够修复漏洞的指令，这类解决方案可以应用于实施职务分割（SOD）和拥有严格的变更管理制度的企业。

而市场现状是，并不是所有供应商都能保证具备非常成熟的上述四大功能。

另外，也有一些厂商着眼于进一步扩充恶意软件驱除功能，从而代替传统杀毒软件。但现阶段 EDR 的重点还是早期的异常检测和恶意软件入侵后的调查功能，并不是替代防止恶意软件入侵的传统杀毒软件，这一点值得注意。

2）部署及运用示例

EDR 系统构成示意图如图 4-1-4 所示。EDR 系统通常的结构：在客户终端设备上安装专用 Agent，用专用管理服务器进行管理。管理服务器由 EDR 系统的供应商提供，其基于专用设备或云。在用户终端设备首次安装 Agent 时用资产管理工具，系统升级则由管理服务器来完成的产品较为常见。

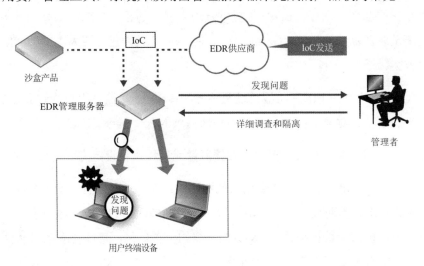

信息来源：NRI Secure Technologies。

图 4-1-4　EDR 系统构成示意图

安装在客户终端设备上的 Agent 自动记录文件和注册表的读写、网络活动、程序执行等操作，并确保将其保存到用户终端设备或管理服务器中。

Agent 或管理服务器利用 IoC（Indicator of Compromise）或分析引擎监控操作记录中是否包含异常操作。IoC 是定义恶意软件入侵痕迹的工具，包括执行恶意软件后，产生的文件系统的读写或网络活动等。当这些活动得到确认，就意味着恶意软件已经入侵的可能性非常高。

IoC 一般由 EDR 供应商提供，但也有利用沙盒等产品检测到的恶意软件解析数据自动生成 IoC，并且能够与 EDR 协调运作的产品。

当发现终端设备异常时，可利用管理服务器远程控制用户终端设备，切断该终端设备的网络或停止运行恶意流程等。

另外，如果用户终端设备能通过互联网访问管理服务器，即使是不处于内部网络环境的移动终端设备也能采取远程调查、切断网络等相应措施。EDR 具有不受物理场所限制，可快速应对的优点，还可以读取保存在管理服务器中的操作记录，以对影响范围进行更详细的调查。

当确认被恶意软件入侵的用户终端设备重新加入网络时，通常会对其进行"净化安装"。但也有一些产品可以利用 EDR 的功能，把恶意文件删除，将终端恢复至入侵前的状态。

有外部安全供应商提供新型恶意软件信息时，利用管理服务器的检索功能，可以检测内部所有终端设备的入侵情况。即便是普通的 EDR 产品，也可以在一定时间内完成数万台终端设备的检测，能大幅缩短调查所需的时间。

目前的主要课题和 EDR 系统的优点如表 4-1-1 所示。

表 4-1-1　目前的主要课题和 EDR 系统的优点

阶段	目前的主要课题	EDR 系统的优点
检测分析	有时需要对代理商、安全产品等进行日志调查、目标用户访谈，相关分析往往要花费一定时间	可从 EDR 记录的操作中确认发生在目标用户终端设备上的文件读写或网络访问等活动情况，可缩短分析时间
影响调查	当有多台终端设备受到影响时，需要逐一进行调查，需要花费较长时间。另外，不在同一地方时，专家还需前往现场	通过 EDR 管理服务器对所有终端设备进行统一调查。同时，无须亲至现场，可进行远程调查
对策	需要采取拔掉网络电缆等物理性应对措施。有时还需要进行"净化安装"	通过 EDR 管理服务器，可远程切断终端设备或停止恶意软件的进程。同时，还能删除恶意文件，恢复被变更的信息

信息来源：NRI Secure Technologies。

3）部署时的注意事项

随着市场对 EDR 需求的增加，各种产品也开始不断涌入市场，但把 EDR 四大主要功能集于一身的产品非常少。因此，采用 EDR 系统时应明确重点放在哪个功能上，同时还应确认能否提供可靠的部署和运营平台。在系统部署过程中应注意的事项如下。

（1）部署结构

EDR 系统部署的一般结构是，使 Agent 常驻在用户终端设备中，并通过管理服务器进行管理。选择该结构时，应事先考虑 Agent 的安装方法、确认能否和现有杀毒软件共存等问题。同时，当需要管理移动终端设备时，管理服务器需要连接到互联网或采用云端服务。

在其他一些情况下，也有不需要在用户终端设备上安装 Agent，只包含管理服务器的产品。虽然这类产品具有无须安装 Agent 也能利用的优点，但有时会面临用户终端设备的操作记录不足或封锁能力不够等问题。这一点需要注意。

（2）检测能力

需要确认能否实时地检测恶意软件的入侵。一些产品只提供检索功能，需要通过管理人员的 IoC 进行人工检索。

另外，还应确认 IoC 的提供形式。理想的形式是 EDR 供应商利用危害信息自动发送 IoC，或自动将沙盒产品的分析结果导入到 IoC 中。

（3）封锁能力

最重要的是，确认能否利用管理服务器远程控制客户终端设备。如果可以进行远程控制，最好拥有能够及早防止受害范围进一步扩大的封锁功能，如隔离终端设备所在的网络、强行停止特定进程、剥夺所在域的权限等。

另外，即使处于被隔离状态，为了便于调查，最好能让客户终端设备与 EDR 管理服务器等特定系统保持网络连接。

（4）调查能力

需要确认用户终端设备的操作记录是否充足、可保存多长时间的操作日志、是否容易读取等相关事项。除了可收集多方面的操作记录，为了能调查终端设备之前的情况（回顾分析），操作日志最好保存 1 年以上。

（5）修复能力

需要确认是否具有根据客户终端设备的操作记录，把恶意软件入侵过的终端设备恢复至原来状态的修复功能。另外，当 EDR 系统不具有修复功能时，最好具有提示修复任务清单的功能，便于通过其他工具或手动模式完成修复。但目前市面上销售的大多数 EDR 产品并不具备该功能。

EDR 尚处于发展阶段，还有很大发展的空间。但其目前在安全事件的快速检测、调查和采取措施等方面充分发挥了作用。

4. Isolation

1）概要

与前述的 UBA 系统或 EDR 系统将重点放在恶意软件检测上相比，Isolation 侧重于防止恶意软件入侵。互联网恶意软件的主要入侵路径有 Web 访问和电子邮件，这里着重说明针对 Web 访问的隔离方案。

Web 访问隔离是一种在组织内部的用户终端设备访问网络页面时，不让用户终端设备直接处理网上的原始数据，而是访问已在其他环境中经过安全加工的信息的技术。如果直接访问网上的原始数据，一旦杀毒软件未能及时发现，用户终端设备就有可能被入侵。另外，Web 访问隔离方案还能阻止有害数据流入用户终端设备。Web 访问隔离方案分为"画面传输模式"和"无害代理模式"两种。

2）部署及运用示例

（1）画面传输模式

通过用户终端设备，操作在外部服务器虚拟桌面上的 Web 浏览器来浏览网页，Ericom、NEC 等公司推出了这类产品。

画面传输模式是将内部网络进行隔离，使用户终端设备无法直接和互联网通信，只能通过虚拟桌面访问互联网。在用户终端设备上安装 Web 阅览专用软件，并通过该软件操控虚拟桌面上的 Web 浏览器。客户终端设备上显示的只是由另外一个环境中的 Web 浏览器传输的画面。这时，即便虚拟桌面被恶意软件攻击，也不会危害客户终端设备。画面传输模式示意图如图 4-1-5 所示。

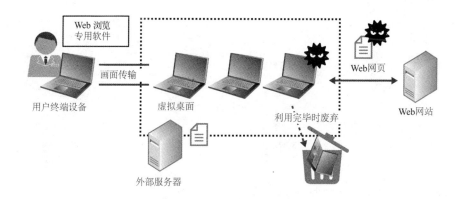

信息来源：NRI Secure Technologies。

图 4-1-5　画面传输模式示意图

该模式以虚拟桌面可能已经被恶意软件入侵为前提，为防止感染其他虚拟桌面而进行控制。另外，由于每次使用时会生成新的虚拟桌面，其在结束的同时被废弃，系统始终处于清洁的状态。

（2）无害代理模式

Web 网页往往含有很多可执行脚本（Flash 或 JavaScript 等）。恶意网站往往会利用这些文本，在用户不知情的情况下进行入侵。无害代理模式是把这些可执行文本通过无害代理平台转换成安全状态后传输给用户终端设备的一种技术，Menlo Security 公司已推出这类产品。

由于在用户终端设备上是通过 Web 浏览器进行访问的，所以不需要专用软件，只需在 Web 浏览器中设定代理，如果已经使用代理模式，则需要设定成上一级代理。由于传输的是经过无害处理的 Web 网页，所以用户终端设备中不会执行有害的可执行文本，从而可以保护用户终端设备不被恶意软件入侵。

无害代理模式示意图如图 4-1-6 所示。

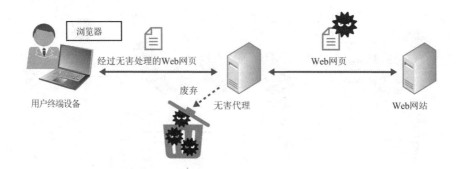

信息来源：NRI Secure Technologies。

图 4-1-6　无害代理模式示意图

3）部署时的注意事项

Web 访问隔离技术是一种通过分离或无害处理方式，在恶意软件入侵中保护用户终端设备的技术。但如果在工作中需要从网上获取 Word 或 Excel 文档等原始数据，就不能进行分离或无害处理。这时，需要利用传统方式或行为检测型杀毒软件对原始数据的安全性进行确认。

同时，画面传输模式不同于以往的 Web 浏览器，会导致用户学习成本的增加。因此，要选择用户可接受的方式。与此相比，无害代理模式无法应对某些 Web 网站。这时，可采用把该 Web 网站设定成不通过无害处理的方式来解决此问题。

■ 新措施的选择理念

前面介绍的三种防范措施，从整体上来说，都能称为"恶意软件应对措施"，但各自采取的方法各不相同。因此，在不同情况下，应该慎重考虑要采取哪一种措施。

例如，当检测出恶意软件时，某企业认为应把危害控制在最小范围内，应立即采取隔离措施。但如果该企业选择的是 UBA 系统的话，由于 UBA

没有隔离功能，所以无法取得预期的效果，这时应该选择的是像 EDR 这样具有隔离功能的系统。

在实际业务中，有必要先梳理以下几个要点，再进行慎重选择。

● 目前，都采取了哪些恶意软件防范措施？

● 目前的防范措施存在哪些不足？

● 通过部署新措施，能获得什么样的效果？

● 如何将新措施部署到公司内部环境中？

● 如何应对部署新措施后的日常运营（发现问题时的调查、取证等）？

企业应在正确理解和梳理上述几个问题的基础上，选择最佳的应对措施。另外，后期必须合理运维才能取得预期效果。

这 3 类应对措施比传统措施更加先进。为了正确掌握和熟练应用这些技术，企业需要招聘和培养专业人才。如果企业自身难以应对，也可考虑利用MSS（Managed Security Service）等外部专业服务商。

■ 未来的恶意软件防范措施

前面对三种恶意软件防范措施进行了简单介绍。这些措施都对传统应对措施无法完成的部分进行了完善，并不只是针对恶意软件入侵的检测。

但这并不代表只要采用了前面介绍的防范措施，就完全不需要传统技术了，这一点需要注意。也就是说，传统技术和这里介绍的防范措施是相辅相成的关系。

例如，考虑到系统的整体情况，如果是已知的恶意软件，最好选择传统的病毒网关或网络型行为检测装置等来应对（切断）。另外，如果是未知的恶意软件，用传统技术是无法应对的，所以需要考虑是否采用新措施。

针对那些不断涌现的恶意软件，建议细分防范措施的重点，采取传统技术和新技术相结合的方式，构建多重防御体系。

4.2 DevSecOps

确保系统安全且能够提高业务应对速度的系统开发模式

如今，业务灵活性已成为增强企业市场竞争力的关键要素。像 Web 应用程序这类业务方对新功能的开发频率和速度要求越来越高的领域，业务灵活性尤为重要。在这样的背景下，美国出现了有效提高系统开发速度的开发模式 DevOps。DevOps 通过紧密结合开发（Development）和运营（Operation）环节，有效地缩短开发周期，提高新产品发布频率。目前，在"Dev"和"Ops"的基础上追加"安全"（Security）的 DevSecOps 成为业内热门话题。

本节主要对 DevSecOps 模式如何在保证灵活性的基础上确保安全性，以及采用该模式时所需的核心技术进行说明。

■ DevOps

在对 DevSecOps 进行说明之前，首先对 DevOps 进行简单介绍。

DevOps 是打破由开发人员和运维人员的不同立场和观点引起的隔阂，通过相互协作，提高业务灵活性的全新开发模式。DevOps 模式致力于根据业务要求，在有效缩短产品周期（从设计到发布）的前提下，确保质量，提高生产效率和新产品发布频率。DevOps 模式示意图如图 4-2-1 所示。

为实现这些目标，需要建立从业务部门到研发部门、质量管理部门、运维部门等的相互合作，以及在短时间内有效推进 Dev（开发）和 Ops（运行）的流程和体制。其中，充分利用封装、测试、发布等各环节的自动化工具和沟通工具往往很有效。另外，还需要企业领导人充分了解此类开发模式的重要性，并给予一定的支持。

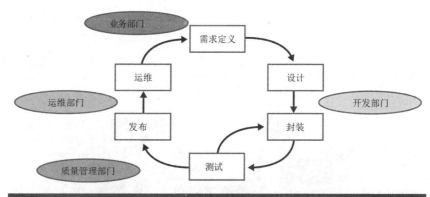

信息来源：NRI Secure Technologies。

图 4-2-1　DevOps 模式示意图

■ DevSecOps

DevOps 模式致力于缩短从系统开发到运维的整个周期，但考虑到安全性问题，如果仍旧维持以往的做法，会阻碍速度的提升，在此背景下，在充分发挥 DevOps 的速度优势的同时，能够确保安全性的全新系统开发及运维模式 DevSecOps 应运而生。

在开发和运维环节中，DevSecOps 模式将漏洞看作是系统的风险因素，其示意图如图 4-2-2 所示。

下面，按不同环节说明 DevSecOps 模式中的风险应对措施。

（1）设计环节。

在 Dev（开发）的设计环节中，尽可能排除应用程序规范方面的漏洞是一种有效措施。例如，在进行用户身份认证时，仅用密码认证过于薄弱，而结合一次性密码等 Token 认证方式（二重要素认证）就是一种有效措施。

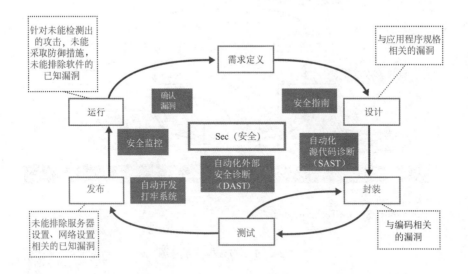

信息来源：NRI Secure Technologies。

图 4-2-2　DevSecOps 模式示意图

　　为实现有效应对安全危害的功能设计，可参照国际标准规范 ISO/IEC 15408。ISO/IEC 15408 标准是从安全角度，评价信息技术相关产品是否被合理设计并封装的国际标准规范。

　　但 ISO/IEC 15408 标准只规定了安全性条件。因此，在实际工作中可利用明确指出了如何进行安全功能设置的 Microsoft 公司的"Microsoft SDL"（Security Development Lifecycle）。

　　（2）封装和测试环节。

　　封装环节的主要措施就是在实施封装作业之前，在编码合约中加入把防止已知安全漏洞的措施编入源代码的条约。在此基础上，让实际编程人员明确编码合约内容并严格遵守。

　　在测试环节中，排除漏洞的重要步骤是确认产品是否按照合约及上一环节制定的设计方案封装。

在过去的开发模式中，作为排除漏洞的措施，通常在测试环节的最后阶段进行安全诊断测试，以检测漏洞。但这种模式要到最后阶段才能检测出漏洞，若需要进行大量修正，则往往会引起交期延迟、大规模返工等情况，致使成本增加。该问题的解决方案就是在前期进行漏洞检测。具体来说，把静态安全诊断方法 SAST（Static Application Security Testing）和动态安全诊断方法 DAST（Dynamic Application Security Testing）通过编码相互联动，使其自动执行。

SAST 主要针对编程过程中的安全性观点进行语法检查，DAST 则主要在联合运行已完成程序的过程中进行漏洞检查。

（3）发布环节。

服务器或网络设备等基础产品往往存在很多设定参数。这些设定参数除了要满足系统条件，还要满足安全性要求，从而使系统更加牢固。过去，这些作业大部分是由人工来完成的，但当设定项目和设备较多时，参数设定需要花费很多时间，还容易出现错误。这时，可以利用一些工具自动更新参数。通过该方法，可以无遗漏地准确进行多个参数的设定。

另外，在 DevOps 模式中采用的 Jenkins 等构建和测试的自动化 CI 工具[1]、CD 工具[2]，在 DevSecOps 模式中也可以采用，并通过自动化作业减少失误，提高效率，是不可缺少的有效工具。

（4）运维环节。

在运维环节，需要进行软件漏洞管理。针对构成系统的开源软件（Open Source Software，OSS），由供应商提供的软件，要随时掌握新发现的漏洞信息，并将新版本反映到系统中。

---

1 Continuous Integration 工具：进行源代码的编辑、测试和发布作业的自动化工具。

2 Continuous Delivery 工具：可以随时连续发布新软件，通过简单操作就能实现产品发布的自动化系统。

虽然针对供应商提供的软件的应对工具已非常普遍，但针对 OSS 的应对工具才刚开始出台。

另外，还需要开发能够检测系统攻击的监控系统。该监控系统可通过构建 SOC（Security Operation Center）实现。SOC 要求对检测到的攻击进行分析和可视化处理，并快速应对。

对攻击行为的监控，除了要对基础架构层面的安全事件进行监控，还有必要进行应用程序层面的攻击行为的检测。对此，可利用在运行时对应用程序进行保护和检查的 RASP（Runtime Application Self Protection）工具，该工具的主要特点是无须变更代码也能检测应用程序层面的事件。

■ 用于 DevSecOps 模式的主要技术

DevSecOps 模式主要借助合约或自动化工具，在提高开发速度和运维质量的同时，提高系统安全性。下面对 DevSecOps 模式的几个核心技术进行说明。

1）静态安全诊断方法——SAST

SAST 是通过源代码分析，发现有可能引发漏洞的编码的诊断方法。与后述的 DAST 不同，SAST 并不执行程序，所以被称为"静态"。SAST 方法主要诊断以下几个方面。

● 内存管理的合理性（针对缓存区溢出攻击[1]的对抗性）

● 用户输入的合理性（针对 SQL 注入[2]或跨站式脚本攻击——XSS攻击[3]的对抗性）

---

1 利用内存区溢出的漏洞，执行不正当操作。

2 执行数据库的不正当操作。

3 执行恶意脚本。

- 变量作用域或访问控制的合理性

- 日志及错误信息输出的合理性（有没有重要信息泄漏现象）

除以上几点外，SAST 还具有检测 Bug、低效执行编码等确认程序整体质量的功能。

SAST 是确认编码质量的工具，最好与编码保持同步或在保存至代码库（管理源代码的数据库）时进行确认。因为在短时间内进行多项修正往往会花费更多劳力。将其执行指令加入创建脚本，或利用 CI 工具进行自动执行都可以提高 SAST 的效率。

2）动态安全诊断方法——DAST

DAST 是通过实际运行应用程序，诊断终端设备的输入或操作行为中是否有漏洞的方法。模拟具有攻击性的输入，确认是否能够成功攻击应用程序，具体包括以下几点。

- 缓存区溢出

- 跨站式脚本攻击

- SQL 注入

- OS 命令行注入[1]

- 会话劫持[2]

- 针对 OS 或中间件的已知漏洞的攻击

DAST 除了要诊断应用程序本身的漏洞，还要诊断包括运行环境在内的

---

1 执行不正当 OS 命令。

2 利用应用程序中的会话信息泄漏进行攻击。

系统整体的漏洞。因此，和综合测试一样，最好能在和实际运行环境相同的条件下进行。另外，由人工操作和管理实际运行环境、开发环境等，并保持各系统间的一致性往往需要花费很大的成本。作为该问题的解决方案，本书将在后文中对配置管理自动化问题进行讲解。

具有代表性的 SAST 工具和 DAST 工具如表 4-2-1 所示。

表 4-2-1　具有代表性的 SAST 工具和 DAST 工具

商用/OSS	工具名称	SAST	DAST	主要特征
OSS	SonarQube	○	—	可满足多种语言。提供 Web 页面报告，通过定量指标形式确定诊断结果
	FindBugs	○	—	Java 专用静态分析工具。除了单体 GUI，还能作为 Eclipse 的插件
	OWASP ZAP	—	○	将指定 URL 作为起点，自动查找链接并搜索 Web 页面，以此诊断每个页面中的漏洞
商用	HP Fortify/ WebInspect	○	○	由 SAST 工具 Fortify 和 DAST 工具 WebInspect 组成。可应对主流语言、框架，具有修正辅助功能、报告功能，还可提供云式诊断服务
	IBM Security AppScan	○	○	可应对主流语言、框架，具有修正辅助功能、报告功能，还可提供云式诊断服务
商用	VERACODE	○	○	云式诊断工具，作为 SAST 工具提供二进制码分析诊断服务，同时具备 DAST 功能
	Synopsys	○	○	由 SAST 工具 Coverity 和 DAST 工具 Seeker 组成。针对 OSS 项目，免费提供 SAST 功能
	VEX （UBsecure）	—	○	具有制作测试场景功能、报告功能。可检测出日语特有的漏洞

信息来源：NRI Secure Technologies。

3）配置管理和 Infrastructure as Code（基础设施即代码）

DevOps 系统大多采用像云服务一样便于横向扩展的基础架构。在这类基础架构中，在一天内就可能发生多次版本发布，若仍采用传统方法建立基础架构和发布产品的话，不仅速度慢，当基础架构规模较大时，还容易封装失误。

一种称为"Infrastructure as Code"（基础架构即代码）的方法可以解决该问题，即把基础架构的配置转换为代码进行管理。利用该方法，除了能提高创建效率和简化系统配置，还能确保系统之间、测试环境和正式运行环境之间的一致性，容易实现配置的标准化。另外，代码化还有益于把安全策略直接编入系统配置。其代表性工具有 Ansible、Chef、Puppet 等。

加强系统牢固性的服务器设置、网络设置指南包括美国国家标准与技术研究所发行的确认清单[1]、美国 CIS 发布的风险标志[2]等，其面向 Ansible、Chef、Puppet 等工具，提供编入这些指南的源代码。充分使用这些源代码可以使加固系统变得更加容易。

4）漏洞追踪和可视化

为了在不妨碍 DevOps 循环流程的前提下确保系统安全性，自动追踪外部软件的漏洞信息和可视化这些漏洞的影响也变得越来越重要。

商用软件的漏洞可通过供应商获取其内容、影响、应对措施等相关信息。

OSS（开源软件）只能自己进行漏洞信息获取、影响确认、应对措施确定等工作。但最近出现了 Black Duck Hub、Protecode 等工具（见表 4-2-2），其通过扫描源代码的方式检测编入系统中的 OSS 并生成软件要素清单（Bill of Materials，BOM），同时追踪其漏洞信息，甚至可以可视化该应用在系统中的位置。

1　http://web.nvd.nit.gov/view/ncp/repoitory。

2　http://benchmarks.cisecurity.org。

表 4-2-2　OSS 漏洞追踪工具

商用/OSS	工具名称	主要特征
商用	Black Duck Hub	针对已识别的漏洞，进行应对措施的进度管理
	Protecode（Synopsys）	除了扫描源代码，还采用扫描二进制代码的方式检测编入的开源代码

信息来源：NRI Secure Technologies。

5）检测攻击

即使采取漏洞补救或自动测试等措施，也无法完全消除因外部攻击而发生安全事件的风险。

所以，作为 DevSecOps 的安全要素，收集并分析实际运行环境中发生的安全事件和应用程序事件，进行可视化处理，提高可疑事件的优先级，并反映到下一次的开发要求中等一系列活动也日显重要。

另外，通过 SOC（Security Operation Center）监测用于检测和分析外部攻击的 IDS（Intrusion Detection System）、用于安全事件监测的 WAF（Web Application Firewall）、Tripwire 等的篡改检测工具，并充分利用其反馈信息也是非常有必要的。

但在 DevSecOps 模式中，由于发布速度非常快、基础架构的横向扩展配置管理复杂等，如果采用传统方法，存在安全设备的设置反应迟缓、深度调查篡改信息的难度增加等问题。

这时，采用在应用程序中增加输出安全信息的机制，或保护和监督运行时应用程序的处理机制往往比较有效。

通常，如果自行研究并封装在应用程序中嵌入的安全信息输出结构，往往需要花费很多时间。但如果充分利用 NRI Secure Technologies 提供的"Uni-ID Identity Fraud Detection"等解决方案，就可以减轻封装负担。该工具嵌入在 Web 应用程序中，可检测出 ID 的不正当利用、系统的不正当利用，还可以向 SIEM（Security Information and Event Management）产品或 SOC 提供相关信息。

RASP（Runtime Application Self-Protection）在实际运行环境中同应用程序一起运行，具有控制应用程序的执行、检测并阻止不正当处理等功能。RASP 工具示例如表 4-2-3 所示。

表 4-2-3　RASP 工具示例

商用/OSS	工具名称	主要特征
商用	HP Application Defender	提供云式管理工具，可通过云平台变更攻击检测设置或确认攻击详细信息
	Arxan	除了阻止不正当处理功能，还具有应用程序不易被读取功能，保护应用程序免受代码篡改、抵御逆向工程

信息来源：NRI Secure Technologies。

■ 可用于 DevSecOps 环境的指南

除了一些工具，简单介绍在 DevSecOps 环境中可以利用的一些指南。这些指南以采取安全措施为目的，可在设计环节中进行利用。

1）信息安全评价标准：ISO/IEC 15408

该标准是为了满足 IT 相关产品或服务的安全要求并确保封装的安全性而专门制定的关于开发和运维要求的国际标准。ISO/IEC 15408 在 DevOps 出现之前就存在，其基本观点也可应用于 DevSecOps 的设计环节。

该标准由以下三部分构成。在设计环节中考虑安全问题时，需要包括（2）中记载的相关功能要求。

（1）对基本概念、专业词汇、适用范围等进行了说明。

（2）记载了与认证或加密相关的 IT 产品和服务应具备的安全功能要求，

可在对每个产品进行安全要求探讨时使用。

（3）规定了在设计—开发—运维环节中安全功能的封装要求。

2）Microsoft 公司的安全开发生命周期：Microsoft SDL（Security Development Lifecycle）

Microsoft 公司多年以来致力于 Windows 操作系统的开发，也较早面临了随着互联网的普及而产生的网络安全问题。最初，Microsoft 公司对每个产品采取不同的安全措施，但其后来意识到有必要采取切实有效的安全应对措施，所以将安全要求作为一个工程程序纳入开发体系。这种方法被称为"SDL"。

SDL 中除了与整个开发生命周期相关的安全教育，还提供了"需求""设计""封装""验证""发布"等软件开发生命周期各环节涉及的安全要素，Microsoft SDL 的简要框架如图 4-2-3 所示。

信息来源：Microsoft "SDL 的简单封装"（2010 年 2 月 2 日）。

图 4-2-3　Microsoft SDL 的简要框架

SDL 中专门设置了安全专家小组，支援不同环节的安全活动。

各环节分别表示以下活动。

（1）需求定义环节。

制定安全需求和开发中发现漏洞时的应对标准。同时，还考虑风险评估所需的流程。

（2）设计环节。

对包括威胁模型等在内的安全问题进行整理，规范认证和加密等安全措施的设计规范。

（3）封装环节。

只使用已获批准的工具，禁止使用不安全的功能。生成的编码须经 SAST 确认或手动编码评估，防止存在编码漏洞。

（4）验证环节。

实施包括内存破坏检查在内的动态程序分析和 Fuzzing。其中，Fuzzing 是向目标程序发送有可能引发问题的大量数据，通过监测其应答和行为，发现漏洞的方法。由于可以采取机械式运行，实施成本较低，因此受到关注。另外，还可以评估在设计环节对威胁因素的抵抗效果。

（5）发布环节。

最终确认是否符合安全标准，同时制定发布后发现漏洞时所需的数据整理和应对措施。

■ DevSecOps 面临的主要课题

过去，针对实际运行环境的变化，一般都基于以 ITIL、COBIT 为代表的框架进行变更管理、发布管理等。

为了在发布之前解决运维方面的问题或降低变更产生的影响，这类方法需要制作测试的证据、发布的流程等文档，并进行复查。之后经"CAB"

（Change Advisory Board）组织的变更咨询会议审议通过后对外发布。

这类方法虽然在大规模、较复杂系统发布的风险控制方面非常有效，但却成了 DevOps、DevSecOps 要求的快速应答的阻碍因素。

那么，在 DevSecOps 环境中应采用什么样的统筹管理方法呢？这里，我们从变更影响判断和证据获取两个角度来考虑此问题。

首先，若想实施变更的统筹管理，必须考虑人工批准流程。在 DevSecOps 模式中，实际运行环境中的代码变更由非代码开发人员进行批准。如果想在不影响速度的前提下实现上述行为，就必须把变更引起的影响判断尽可能简单化。为此，与传统的开发模式不同，在 DevSecOps 模式中，细化每一个变更的规模就显得尤为重要。通过细化变更规模，使变更带来的影响变得非常小，从而使影响判断变得更加简单。

另外，在 DevSecOps 模式中，持续交付（Continuous Delivery，CD）封装了实际运行环境中的发布功能和发布失败后的回退功能，有效降低了发布失误的风险，在发布管理方面实现了状态统筹管理的自动化。

其次，就是从证据获取的角度来看。DevSecOps 模式的持续集成（Continuous Integration，CI）确保在发布之前完成自动测试。另外，由于将实施过程和实施结果作为证据进行保存，所以可以轻松获得验证质量的证据。

如果有需要从安全政策角度进行确认的事项或要求，可以把相关信息作为代码进行封装并在自动测试过程中进行确认。

通过上述步骤，在满足 DevOps/DevSecOps 的速度要求的同时，可以充分发挥统筹管理的作用。

统筹管理问题是 DevSecOps 面临的新课题，但 DevSecOps 本身也是一个全新的概念。今后，随着 DevSecOps 的普及和工具的多样化，其解决方案也会不断完善。

结束语

由野村综合研究所（NRI）根据对最新的 IT 技术动向的调查结果汇编而成的《IT 导航图》已迎来第 12 版。

此次，第 4 章"日益重要的安全技术"部分，获得了 NRI 集团旗下的信息安全企业 NRI Secure Technologies 的鼎力支持，该部分对恶意软件应对措施及 DevSecOps 领域进行了说明。另外，第 3 章"程序化营销"部分的内容由 2016 年 8 月 1 日正式成立的专攻数字业务的 NRI 集团旗下公司"NRI Digital 株式会社"的中村博之先生亲自执笔。

像网络安全、数字化营销等专业性很强的领域，我们借助了 NRI 集团拥有的专业力量，充实了本书的内容，我们对此很有信心。

近几年来，全球对以人工智能为代表的数字技术领域的关注度不断上升，日本企业也不例外。NRI 作为专门调查和分析最新技术发展动向的专业机构，很高兴看到日本国内企业也纷纷出现积极利用这些最新技术的趋势。今后，我们将致力为广大读者提供更加有益的信息。

在本书的策划和执笔方面，还得到了东洋经济新报社的藤安美奈子女士和齐藤宏轨先生的大力帮助。另外，借此机会向全程支持我们调研业务的猪野亚妃子女士和小嶋惠子女士表示诚挚的感谢。

执笔代表

株式会社野村综合研究所

Digital Business 开发部小组经理

城田真琴

2017 年 1 月

重要词汇解释

按字母顺序

<A>

Auto-Encoder：自动编码器。在输入层和输出层用相同数据训练神经网络的学习算法，作为深度学习的事前学习被加以利用。

<C>

CI：Continuous Integration（持续集成）的缩写，是针对源代码更新，频繁进行构建和测试的开发模式。利用 CI 工具或自动测试工具等实现其功能。

COBIT：Control Objectives for Information and related Technology（信息系统和技术控制目标）的缩写。主要针对 IT 公司制定的业务框架，由 ISACA（国际信息系统审计协会）和 ITGI（信息技术治理协会）共同开发和推广。

CRM：Customer Relationship Management（客户关系管理）的缩写。通过管理客户基本属性、交易记录等，将其应用于市场营销或客户服务的系统及应用程序。

<E>

Eclipse：开发软件时的开源综合开发环境（Integrated Development Environment，IDE）。在对话式操作环境中，可利用文本编辑器、编译器、调试器等工具；用于通过插件组件构建开发环境，利用不同插件，能应对多种语言。

<H>

Hadoop（Apache Hadoop）：对大量数据的存储和分析进行分布式处理的开源基础框架，基于 Java 语言开发，由 MapReduce（分布式计算框架）、HDFS（分布式文件系统）、YARN（资源管理系统）等组成。

<I>

IDS：Intrusion Detection System（入侵检测系统）的缩写，是通过监控网络传输中的通信包，检测非法入侵的技术。

ITIL：Information Technology Infrastructure Library（信息技术基础架构库）的缩写，收集 IT 服务管理相关的最佳实践案例的框架库，ITSMF（IT 服务管理论坛）负责推广普及。

<J>

Jenkin：实现持续集成（CI）的开源工具，实现构建或测试等工具执行的自动化。

JSON：JavaScript Object Notation（JS 对象标记）的缩写。和 XML 一样，是一种应用于文本数据格式的轻量级数据描述语言。

<O>

OAuth2.0：为执行互联网工程任务组（Internet Engineering Task Force，IETF）制定的可以授权的开放标准， RFC 于 2012 年公布的最新标准规范，给出了使第三方应用程序访问 HTTP 服务的许可框架。

OpenID Connect：以 OAuth 2.0 协议为基础的简单身份交互框架。

<P>

PaaS：Platform as a Service（平台即服务）的缩写。一种云计算技术。PaaS 通过互联网，从硬件设备和 OS 等计算机资源，到服务构建所需的数据库等各种中间件，以平台的形式提供服务。

Proxy：内部网络连接外部网络环境时中转通信信号的服务器，有的服务器具有限制可访问网站或病毒检测等功能。

Python：通用计算机编程语言。广泛应用于各种领域，由于具有 NumPy、SciPy、pandas、scikit-learn 等高端功能的科学计算扩展库，资料非常丰富，近几年在数据科学领域广泛应用。

<R>

R：开放源代码的统计分析软件。世界各地的开发人员将各种分析方法和功能以"功能包"形式予以实现并公开，可轻松使用最新的方法和功能。

<S>

Spark（Apache Spark）：以内存处理为主体的开源分布式处理平台，高速执行大规模数据的批量处理、实时处理等作业。由 Java 派生语言 Scala 开发。

<V>

VPN：Virtual Private Network（虚拟专用网）的缩写，不同网络之间通过加密通信相连，VPN 网关通过对数据包的加密和数据包目标地址的转换实现远程访问。一般在总部和分店等营业点之间，以及住宅向公司内部等。由外网连接内网时使用。

<W>

WAF：Web Application Firewall（Web 应用防火墙）的缩写。设置在 Web 服务器前端，作为对 Web 应用程序漏洞的恶意攻击的应对措施，具有减轻恶意攻击影响的作用。

按日语 50 音图顺序

敏捷开发（Agile Development）：把软件开发流程进行细化，在较短周期内重复单一功能的开发和改进，从而实现软件的快速封装和灵活应对其变化的开发模式。由实现快速开发、具有高灵活性的多个方法和工具构成。

归因分析（Attribution Analysis）：在分析目标行为的原因时，除了考虑当前行为等直接因素，还结合各种间接要素进行分析的方法。

Appliance：提供 EDR、防病毒等特定功能的专用信息设备。

内存数据库（In-memory Database，IMDB）：通过把数据存储于主存储器中而非硬盘中并对其进行访问，从而提高处理速度的数据库。

边界设备（Edge Device）：在物联网领域，边界设备是指传感器、工厂设备等与网络相连的"物品"。

有监督学习：一种机器学习方法。从标签化到数据集中推断函数。

沙盒：在云或虚拟环境等同现实环境隔离的安全领域中执行入侵程序，根据其行为特征检测恶意软件的技术。

执行文本：Flash 或 JavaScript 等可在客户终端设备的 Web 浏览器上执行的 Web 文本。特别是 Flash Player 被指出有很多漏洞存在，并且已观察到专门针对其漏洞的恶意攻击。

令牌（Token）：向客户发放的表示允许访问的文字序列，表明由授权方许可的权限范围和访问期间。

感知器（Perceptron）：模拟人类视神经和大脑神经功能的一种神经网络。

毕垦（**Beacon**）：利用近距离无线技术 Bluetooth Low Energy 的通信方式。苹果公司用"iBeacon"的名称搭载到 iOS 系统中。

创建脚本（**Build Script**）：以编译和连接源代码的方式，制作可执行文件所需的记录指令的文件。

取证（**Forensic**）：也叫数字取证（Digital Forensic）。基于残留在终端设备中的所有信息，分析该终端设备以往的文件操作记录、连接外网情况的相关技术。多应用于恶意软件入侵或信息泄漏事件等经过的调查。

区块链：支撑虚拟货币"比特币"的基础框架技术，用于分散管理的计算机交易。由于具备良好的数据篡改预防功能，同时进行了分布式管理，不存在单一盲点，防外部攻击的能力也较强。

变量作用域：在源代码中可利用的变量范围。不合理的范围设定可能会引起应用程序的漏洞。

微服务架构（**Micro-service Architecture**）：开发大规模服务时，各要素用符合自身特征的技术按照松散耦合方式开发的框架模式。如何将巨大的服务分解成多个系统（微小服务）是要考虑的课题。

反向工程（*Reverse Engineering*）：分解并分析产品，由此获得产品构成原理、结构、构成要素等相关信息的技术。在软件领域，包括从二进制代码（机器语言）反向生成源代码的技术。

量子退火（**Quantum Annealing**）：控制量子效果，从而解决优化问题的方法。

精益创业 （**Lean Startup**）：以快速创建事业或服务为目的，通过假设方案及在最小范围内进行产品开发和测试，在较短周期内不断重复修正的业务开发模式。敏捷开发是针对软件开发领域的开发模式，精益创业则是包括选择用户（目标群）、验证需求假设、评价投资效益等在内的商务领域的决策和评价流程。

列存储数据库：与普通数据库以同一行数据为单位进行存储和处理相比，其是以同一列数据为单位进行存储和处理的数据库。可针对大量数据进行高速检索或统计处理，数据压缩率高也是其主要特点之一。

执笔者简介

野村综合研究所　　Digital Business 开发部

掌握、分析和预测快速发展的最新信息技术趋势的 IT 研究机构。

能够灵敏地捕捉信息技术的细微变化，不仅具有为客户企业和 NRI 集团进行合理 IT 投资活动和研发活动提供战略性策划的能力，还在加快推进客户数字化业务的过程中发挥开放性创新作用。

城田真琴（SHIROTA MAKOTO，小组经理）/第 1 章第 3 节、第 2 章第 4 节、第 3 章第 1 节、第 3 章专栏（Insurance Tech 新潮流）

擅长领域：大数据、物联网、FinTech、个人信息/个人隐私保护等 IT 服务、IT 相关法律。

古明地正俊（KOMEICHI MASHATOSHI，上席研究员）/第 1 章第 3 节、第 2 章第 1 节

擅长领域：技术管理和技术战略的制定、人工智能、智能设备等。

龟津敦（KAMETSU ATSUSHI，高级研究员）/第 2 章第 3 节、第 2 章专栏（物联网发展）

擅长领域：知识管理、商务智能等信息系统和社会媒体、可穿戴式设备、VR/AR 等技术趋势。

田中达雄（TANAKA TATSUO，高级研究员）/第 2 章第 5 节、第 3 章第 2 节

擅长领域：顾客体验/顾客渠道战略、设计思维、CLO/机器人顾问、PFM 等 FinTech、API 经济、Web 服务、语义 Web 等整合技术、经营与 IT、开发

技术/开发方法论等。

藤吉荣二（HUZIYOSHI EIZI，高级研究员）/第 2 章第 4 节

擅长领域：设备技术、支付相关技术、利用 IT 的零售服务等。

鹭森崇（SHAGIMORI TAKASHI，高级研究员）/第 2 章专栏（机器学习平台）、第 3 章第 3 节

擅长领域：智能设备相关技术、RFID（IC 标签）、IC 卡、营销学、定位技术、零售业相关 IT 服务。

长谷佳明（NAGAYA YOSHIAKI，高级研究员）/第 1 章第 3 节、第 2 章第 2 节

擅长领域：人工智能、机器人技术、IT 基础技术、开发技术/开发方法论、主干业务系统等。

NRI Digital

专业提供"数字业务咨询""数字 IT 解决方案""数字分析"三大业务的数字业务服务公司。

中村博之（NAKAMURA HIROYUKI，高级研究员）/第 3 章第 4 节

擅长领域：媒体战略、渠道战略、商业分析、营销学等。

NRI Secure technologies/第 4 章 日益重要的安全技术

野村综合研究所集团旗下的信息安全专业公司。在信息安全领域，聚集了全球顶尖的专家，提供高实用性、高质量的精准服务。在技术和管理两个方面，能够满足信息安全相关的所有需求。

小田岛润（ODASHIMA ZYUN，代表取缔役社长）/第 4 章的监审工作

擅长领域：PKI（公钥加密基础）、认证、Web 应用程序安全、软件工学等。

菅谷光启（SUGAYA MITSUYOSHI，取缔役）/第 4 章的监审工作

擅长领域：管理安全、信息安全审计、信息安全政策、标准化等。

樋浦进介（HIURA SHINSHUKE，主任安全分析师）/第 4 章第 1 节

擅长领域：网络安全、安全事件应答等。

高田友则（TAKADA TOMONORI，主任安全咨询师）/第 4 章第 1 节

擅长领域：网络安全、目的型攻击对策相关技术、安全事件应答等。

下山洋一（SHIMOYAMA YOUITSI，主任安全咨询师）/第 4 章第 1 节

擅长领域：与网络安全、办公环境相关的安全服务的部署和运用等。

山田朋美（YAMADA TOMOMI，主任安全分析师）/第 4 章第 1 节

擅长领域：网络安全、办公环境相关的安全服务的部署和运用、安全事件应答等。

松村和人（MATSUMURA KAZUHITO，高级系统咨询师）/第 4 章第 2 节

擅长领域：开发流程管理、质量管理、系统运维管理等。

京山刚大（KYOYAMA TAKEHIRO，高级安全设计师）/第 4 章第 2 节

擅长领域：网络安全、开发流程管理、质量管理、安全事件分析等。

山浦大辅（YAMAURA DAISUKE，高级安全咨询师）/第 4 章第 2 节

擅长领域：认证安全、应用程序方式设计、基础设施方式设计、开发标准化、质量分析等。

新谷敏文（SHINGAI TOSHIHUMI，高级安全咨询师）/第 4 章第 2 节

擅长领域：控制和物联网安全、安全风险分析、恶意软件分析等。

大岛修（OOSHIMA OSHAMU，高级安全工程师）/第 4 章第 2 节

擅长领域：认证安全、敏捷软件开发等。